춤추게 하시는 하나님

김진홍 지음

쿰란출판사

추천사(1)

목사는 설교하는 사람이다. 설교는 하나님의 말씀을 전하는 일이다. 그러므로 설교자는 자기 말을 하는 사람이 아니라 하나님 말씀의 대언자가 되어야 한다. 하나님의 말씀을 대언하기 위해서는 하나님과 깊은 교제가 있어야 하고 하나님의 음성을 들어야 한다.

설교한다는 것은 신중하고 조심스러운 일이다. 더구나 설교한 것을 책으로 엮어 남긴다는 것은 보통 용기있는 행동이 아니다. 또한 설교는 듣는 말씀이지 읽는 말씀이 아니기 때문에 감동적인 설교도 글로 만들고 나면 읽을 것이 별로 없는 평범한 문장의 나열이 되기 때문이다.

김진홍 목사님은 어려운 결단 속에서 신중한 자세로 이 설교집을 엮어 내게 되었다. 말로 된 문장을 글로 다듬는 데 많은 수고와 난관이 있었을 것이다. 그러나 하나님의 말씀을 전한 것을 정리하는 것은 설교를 향상시키는 일이며 은혜 받은 교인들에게 말씀을 확고히 각인시키는 일이기에 그의 노고에 격려를 보내며 박수를 아끼지 않는다.

"춤추게 하시는 하나님"이라는 이 책의 제목에서도 알 수 있듯이 김진홍 목사님의 설교는 복음으로 사람을 즐겁게 하는 매력이 있다. 낙심한 자가 힘을 얻고 절망에 빠진 자가 용기를 얻는 강한 복음이 그의 설교에 녹아 있다.

김진홍 목사님은 복음에 감전되어 자신의 삶에서 받은 은혜를 간증하고 있다. 그는 약한 몸에 비해서 아주 강한 추진력을 가진 목회를 하며 증가 일로의 청주 금천교회를 이끌고 있다. 그의 교회는 가난한 동네에 속해 있고 교통도 그리 좋은 편이 못 되지만 매년 수백 명씩 증가하고 있다. 그는 달변의 설교가는 아니지만 그의 설교를 듣는 교인들은 매번 감동을 받으며 그의 설교에 중독되어 있다. 그는 세련된 모습은 아니지만 정감 넘치는 언행으로 교인들의 마음을 사로잡고 있다.

그의 목회를 알려면 이 설교집부터 읽어야 한다. 이 설교집 속에 그의 주님을 향한 헌신과 비전을 볼 수 있다. 드러나지는 않지만 참 진실된 목회자 한 사람을 이 책 가운데 만나는 사람들은 행복한 즐거움으로 춤이라도 추고 싶은 심정이 들 것이다.

2008년 4월 1일
서울장신대학교 총장
문성모 목사

❧ 추천사(2)

    김진홍 목사님은 투박한 된장찌개처럼 서글서글한 성격에, 누구와도 잘 어울리는 친근함을 가지신 분입니다. 그래서인지 많은 사람들이 김 목사님에게 편안한 마음으로 다가갑니다. 금천교회를 개척하여 오늘의 대형 교회를 만들기까지, 김 목사님의 지도력은 탁월하게 발휘되어 청주지역의 영성을 주도하는 지도자요 교회가 되었습니다.

    이런 김 목사님의 지도력은 그의 설교 속에 잘 나타나 있습니다. 그의 설교는 예수님의 마음처럼 따뜻한 마음을 느끼게 합니다. 특히 남을 배려하는 마음은 주변 사람들의 심금을 울립니다. 또 그의 설교는 현실 문제를 직시하는 날카로운 지성을 보여 줍니다. 그는 끊임없이 노력하는 설교자요 공부하는 설교자임을 보여 줍니다. 그래서 그의 설교는 은혜로울 뿐만 아니라 자료 활용을 위한 읽을 거리로도 풍부합니다.

    특히 그의 설교는 현대인이 지닌 문제를 깊이 이해하고 문제 해결을 위한 뛰어난 영적 안목을 제시합니다. 그의 영적 통찰력은 깊고 예리하여 가끔 듣는 이들을 깜짝 놀라게 합니다.

깊은 묵상에서 나온 깨달음이기 때문입니다. 김 목사님의 설교는 무엇보다도 영혼을 구원하려는 열정으로 가득 차 있습니다. 그분의 설교를 읽다 보면 영혼에 대한 사랑의 마음이 저절로 솟아나게 되고 가슴이 뜨거워집니다.

그것만이 아닙니다. 그분의 설교를 읽으면 신이 나고 힘이 솟아납니다. 왜냐하면 하나님의 기운과 축복을 느끼게 만들기 때문입니다. 읽을 거리가 풍부하고 영적 통찰력이 충만하고 독자에게 힘이 솟아나게 만드는 복음이 담긴 설교입니다. 이제 그런 설교 가운데 하나인 "춤추게 하시는 하나님"이란 제목의 설교를 내놓습니다. 김 목사님의 설교를 접하고 싶은 많은 분들에게, 설교를 통하여 얻고 깨닫길 원하는 분들에게 더할 나위 없는 좋은 설교라고 생각합니다.

2008년 4월 1일
효성교회 담임
박영재 목사

머리말

작은 마음을 글로 옮긴다는 것은 그리 쉬운 일이 아니라고 생각합니다. 작은 마음에서는 작은 것만 나오기 때문입니다. 그러나 작은 것은 작은 대로 아름다울 수 있습니다. 작은 것은 아름다울 뿐만 아니라 귀엽기도 하기 때문입니다. 그리고 하나님은 작다, 크다의 관심보다는 그 속에 하나님을 사랑함이 있느냐 없느냐에 더 큰 관심이 있기 때문입니다.

여기 이 세상에서 가장 작은 종이 작은 마음을 글로 옮겼습니다. 작은 마음에서 나온 것이기에 별로 기대할 수는 없습니다. 그러나 있는 그대로 옮겼습니다. 저의 마음이고 저의 신앙고백이기도 합니다.

사실 설교를 많은 사람들에게 내놓고 보여 드린다고 하는 것은 대단한 용기라고 생각합니다. 작음 마음에서 나온 것을 큰 사람들에게 보여 드린다는 것 그 자체가 용기이며 도전이기 때문입니다.

저는 작은 사람이지만 항상 용기와 도전으로 지금까지 살았습니다. 그것이 저의 진정한 숨은 무기였습니다. 아마 그것이 다윗의 물맷돌이 아닌가 생각합니다. 물맷돌은 은혜의 돌입니다. 물맷돌은 용기의 돌입니다. 물맷돌은 연습의 돌이었기 때문입니다.

이 물맷돌이 어느 날 아주 큰 돌이 되었습니다. 나라를 세우는 돌이 되었습니다. 많은 사람을 살리는 돌이 되었습니다. 저도 그런 희망을 갖고 지금 아주 작은 물맷돌을 던지려고 합니다. 지금은 빗나가기도 할 것입니다. 그러나 언젠가는 골리앗의 이마를 맞추는 돌이 될 것을 믿음의 눈으로 바라봅니다.

저는 이번에 처음으로 책을 내기 때문에 두렵고 떨립니다. 많은 분들이 어떻게 보실까 하는 두려운 마음이 있습니다. 그래도 저는 물맷돌을 던지려 합니다. 많은 분들의 이런 질책과 저런 격려의 말씀을 통하여 제가 조금이라도 발전할 수 있기 때문입니다. 한 걸음 더 내디딜 수만 있다면 저에게는 그것이 큰 축복이 되기 때문입니다.

저는 이제 모든 것을 다시 시작하려고 합니다. 목회도 다시 시작하려고 합니다. 인생도 다시 시작하려고 합니다. 하나님께서 저에게 다시 시작하라고 두 번째 기회를 주셨기 때문입니다. 지난 시간(2005.7.5) 암이라고 하는 대 수술로 다시 살게 되었기 때문입니다. 이 두 번째 다시 주신 기회를 이제 용기있게 시작하려고 합니다. 그리고 하나님의 은혜 안에서만 모든 것이 있음을 증거하려 합니다. 말이 아닌 삶으로 보여 주기 위한 삶은 대단한 용기라고 생각합니다.

그래서 저의 작은 글들은 삶의 희망과 용기를 주는 글로 만들어졌습니다. 앞으로도 그렇게 저의 삶을 고백하려 합니다. 십자가의 은혜를 고백하려 합니다. 십자가의 사랑과 용기를 고백하려 합니다. 십자가만이 성도의 희망이며, 용기이며, 전부이기 때문입니다. 저는 십자가만 우려먹는 사람입니다. 십자가는 항상 저에게는 용기였습니다. 병상에 있을 때도 희망이었습니다. 나의 삶을 춤추게 하셨습니다. 승리하게 하셨습니다.

그동안 작은 마음을 큰 마음으로, 용기 없는 마음을 용기 있는 마음으로 힘을 주신 우리 금천교회 장로님들과 성도들에게 진심으로 감사를 드립니다. 그리고 이 작은 마음을 책으로 낼 수 있도록 용기를 주신 쿰란출판사 이형규 장로님에게 감사를 드립니다. 이 작은 책이 나오기까지 많은 수고를 해 주신 편집부 직원들에게 감사의 마음을 전합니다.

2008년 4월 1일
봄이 오는 길목 따뜻한 양지
먼 희망을 바라보며 목양실에서
가장 작은 종 **김진홍**

차례

추천사(1) | 문성모 ▶▶▶ 2
추천사(2) | 박영재 ▶▶▶ 4
머리말 ▶▶▶ 6

제1부
춤추게 하시는 하나님

춤추게 하시는 하나님(1) • 행 3:1~10 ▶▶▶ 12

춤추게 하시는 하나님(2) • 행 3:1~10 ▶▶▶ 25

춤추게 하시는 하나님(3) • 행 3:1~10 ▶▶▶ 37

하나님의 은총이 춤추게 합니다 • 시 30:1~12 ▶▶▶ 49

돌아오는 사람을 춤추게 하십니다 • 눅 15:11~24 ▶▶▶ 65

좋은 신앙이 춤추게 합니다 • 삼하 6:12~16 ▶▶▶ 81

결단하는 믿음이 춤추게 합니다 • 단 3:13~18 ▶▶▶ 97

제2부

승리하는 사람

행동하는 사람입니다 • 골 3:23~25 ▶▶▶ 116

열정이 있는 사람입니다 • 고후 5:13~15 ▶▶▶ 132

시간을 잘 관리하는 사람입니다 • 엡 5:15~21 ▶▶▶ 147

작은 일을 소중하게 여기는 사람입니다 • 눅 16:10 ▶▶▶ 163

자기를 훈련하는 사람입니다 • 딤전 4:6~16 ▶▶▶ 177

분명한 목표를 가진 사람입니다 • 히 6:9~12 ▶▶▶ 192

실패를 교훈으로 삼는 사람입니다 • 수 7:1~5 ▶▶▶ 207

끈질긴 사람입니다 • 막 10:46~52 ▶▶▶ 222

근본이 된 사람입니다 • 행 11:22~26 ▶▶▶ 238

제1부

춤추게 하시는 하나님

춤추게 하시는 하나님 (1)

제구시 기도 시간에 베드로와 요한이 성전에 올라갈새 나면서 못 걷게 된 이를 사람들이 메고 오니 이는 성전에 들어가는 사람들에게 구걸하기 위하여 날마다 미문이라는 성전 문에 두는 자라 그가 베드로와 요한이 성전에 들어가려 함을 보고 구걸하거늘 베드로가 요한과 더불어 주목하여 이르되 우리를 보라 하니 그가 그들에게서 무엇을 얻을까 하여 바라보거늘 베드로가 이르되 은과 금은 내게 없거니와 내게 있는 이것을 네게 주노니 나사렛 예수 그리스도의 이름으로 일어나 걸으라 하고 오른손을 잡아 일으키니 발과 발목이 곧 힘을 얻고 뛰어 서서 걸으며 그들과 함께 성전으로 들어가면서 걷기도 하고 뛰기도 하며 하나님을 찬송하니 모든 백성이 그 걷는 것과 하나님을 찬송함을 보고 그가 본래 성전 미문에 앉아 구걸하던 사람인 줄 알고 그에게 일어난 일로 인하여 심히 놀랍게 여기며 놀라니라 _ (행 3:1~10)

❧ 《칭찬은 고래도 춤추게 한다》라는 책이 있습니다. 이 책은 씨월드에서 범고래 쇼를 보던 중 범고래와 사육사 간에 즐겁게 즐기는 모습을 보고, '어떻게 해서 1톤이나 나가는 범고래가 3미터 이상을 점프하며 묘기를 부릴까' 라는 의문점부터 책 내용은 시작됩니다.

범고래와 같이 고래 쇼를 하기까지는, 범고래가 많은 기술을 습득하기까지는 사육사와 고래 사이에 친밀한 교감과 신뢰가 있어야 됩니다. 범고래를 처음 데리고 오면 몇 달 동안은 훈련을 하지 않고 사육사와 같이 지내며 먹고 장난치고 놀면서 서로간에 신뢰감이 조성되도록 합니다.

 서로간에 신뢰감이 조성되면 그때부터 기술을 가르칩니다. 기술을 가르칠 때 꾸짖고 호통을 치는 것이 아니라 같이 즐기고 놀면서 가르치는데 중요한 점은 긍정적인 측면을 보라는 것입니다. 긍정적인 행동을 했을 때 관심을 가져 주고 먹이를 주고 쓰다듬어 주면 더욱더 그 행동을 잘하게 됩니다. 잘하는 아이에게 "잘한다, 잘하고 있어"라고 격려해 주면 더욱더 잘하게 되는 것과 같은 이치입니다.

 또한 부정적인 행동을 했을 때는 그 에너지를 긍정적인 쪽으로 돌려주는 것이 필요합니다. 고래의 컨디션에 따라 기분 나쁜 날이 있다거나 훈련을 하지 않으려고 할 때는 잠시 생각할 수 있는 시간을 주는 것도 좋은 방법이라고 합니다.

이 책을 잘 읽고 그 기술들을 행동화한다면 자신의 생활 및 회사, 가정, 대인관계에 좋은 영향을 줄 것입니다. 사람의 실수는 금방 보이지만 장점은 주의를 기울이고 신경을 쓰지 않으면 찾기 어렵습니다. 그러나 실수보다는 그 사람의 장점을 발견하여 격려하고 칭찬할 때 그 칭찬받은 사람이 또 다른 사람을 칭찬하면 더욱더 일할 맛 나는 직장, 살맛나는 세상이 되지 않을까 생각해 봅니다.

한마디로 춤추는 인생을 살 수가 있을 것이라는 기대감입니다. 칭찬이 고래도 춤을 추게 할 수 있다면 고래보다 나은 사람이야말로 더 멋있는 춤을 추는 삶을 살게 만들 수가 있기 때문입니다.

본문에서 춤추는 한 사람을 보게 됩니다. 나면서부터 앉은뱅이로 날마다 성전 문 앞에 앉아서 지나가는 사람들에게 구걸을 하는 사람입니다. 혼자 움직일 수 있는 사람이 아닙니다. 다른 사람에 의하여 움직일 수밖에 없는, 평생을 다른 사람에게 의지하여 살아가는 이 사람에게 놀라운 기적이 일어납니다. 일어나 뛰면서 춤을 추며 삶의 희열을 만끽하면서 다른 사람에게 자신이 받은 복을 간증하는 축복의 사람이 되었습니다. 이 얼마나 놀라운 축복입니까?

  하나님은 우리를 춤추게 하십니다. 영적으로 춤을 추어 하나님을 찬양하게 하십니다. 육적으로 춤을 추어 하나님께 영광을 돌리게 하십니다. 춤추는 인생은 참으로 복 있는 인생입니다. 춤추는 삶은 행복한 삶이요, 능력 있는 사람입니다. 우리 모든 성도들에게 춤추게 하시는 하나님의 은혜가 넘치기를 축원합니다.

  그러면 어떻게 하면 춤을 출 수가 있을까요?

1. 기도할 때 춤추게 하십니다.

  본문은 "제구시 기도 시간에" 로 시작을 합니다. 신앙의 축복은 기도로 시작을 합니다. 기도가 우리의 삶을 춤추게 하는 지름길입니다. 만약에 기도하러 성전에 베드로와 요한이 올라가지 않았다면 문제가 있는 사람을 만나지도 못했을 것이고 놀라운 기적이 일어나지도 않았을 것입니다.

  기도할 때에 문제를 해결하는 능력이 폭발적으로 일어나게 됩니다. 그러므로 기도는 성도의 진정한 능력입니다. 가장 강한 힘이 기도입니다.

기도를 가리켜 "성도의 영적 호흡, 주님과의 대화, 주님과의 만남, 응답"이라고 말합니다. 또한 기도를 "그리스도인의 힘"이라고도 하는데, 우리는 그 힘을 가지고 자기 자신은 물론이요 다른 사람도 살릴 수 있습니다.

요즘 너나 할 것 없이 모두가 어려움을 당하고 있습니다. 영적으로 혼미한 상태에 있으며, 정신적으로도 아주 지쳐 있고, 이상 기후 현상은 어려움을 더욱 가중시키고 있습니다. 이럴 때 우리에게 필요한 것은 기도의 힘입니다. 기도의 힘이 있어야 우리는 넘어지지 않고 견딜 수 있는 것입니다.

기도를 통해서 하나님을 만날 수 있고 새 힘을 얻을 수 있습니다. 기도하는 사람만이 성령으로 충만하여 하나님의 뜻을 분별하고 기적을 체험할 수 있습니다. 기도는 아는 것이 중요한 것이 아니라 실제로 어떻게 기도를 드리는가가 더 중요합니다.

오순절 날에 예수님의 약속대로 성령이 강림하셨습니다. 물 붓듯이 성령을 부어 주셨습니다. 그때 성령 충만함을 받기 위해 기도하던 베드로와 요한은 기도 응답을 받은 후에도 계속해서 기도를 드렸습니다. 기도 응답을 받기 전에 드리는 기도도 중요하지만 기도 응답 후에 드려지는 기도는 더 중요합니다.

  베드로와 요한은 성령에 의지해서 매일 기도하였습니다. 그렇기 때문에 나면서부터 앉은뱅이가 되어 무려 40년간이나 일어나지 못했던 사람의 병을 고치는 능력을 행할 수 있었습니다. 우리가 능력을 얻기 위해서는 성령의 힘에 의지해야 합니다.

  어느 교회의 건축위원장 장로의 다섯 살 된 아들이 실명하게 된 큰 일이 있었습니다. 병원 입원 후 3일이 지나도 병의 원인이나 내용이 발견되지 않았습니다. 목사님은 심방을 가서 "너희 염려를 다 주께 맡기라 이는 그가 너희를 돌보심이라"(벧전 5:7) 는 성경 말씀을 들려주고 간절하게 기도하였습니다. 뜨겁게 기도하고 나자 다섯 살 된 아이가 눈을 뜨더니 "여전히 앞이 안 보인다"고 했습니다.

  장로님은 목사님의 손을 잡고 "오늘부터 모든 것을 주님께 맡기겠습니다"라고 말했습니다. 그리고 그날부터 밤을 새면서 아이의 눈을 뜨게 해달라고 기도했습니다. 며칠이 지났습니다. 아이가 시력을 회복했다는 기쁜 소식이 들려 왔습니다. 이 모든 것이 기도의 능력이 었습니다.

기도하다 보면 우리는 능력의 한계에 도달하게 됩니다. 무언가 마음속에 있는 것을 표현하려고 애쓰지만 그 표현이 실제와 너무나 거리가 멀기 때문에 고통스럽습니다. 그때 성령께서 말할 수 없는 탄식으로 우리의 기도에 개입해 주십니다.

"이와 같이 성령도 우리의 연약함을 도우시나니 우리는 마땅히 기도할 바를 알지 못하나 오직 성령이 말할 수 없는 탄식으로 우리를 위하여 친히 간구하시느니라"(롬 8:26).

기도가 문제를 해결하고, 기도가 기적을 만드는 열쇠입니다. 기도하여 춤추게 하시는 하나님의 은혜를 맛보는 축복이 있기를 축원합니다.

2. 힘을 모을 때 춤추게 하십니다.

본문은 "베드로와 요한이 함께 성전에 올라갔다"고 말씀합니다. 이것은 무엇이든지 힘을 모을 때 더 크고 놀라운 힘이 나타나는 것을 말씀하고 있습니다. 혼자의 힘으로는 안 되는 것이 두세 사람이 모이면 참으로 큰 능력을 나타낼 수가 있는 것입니다.

기도도 한 사람이 하는 것보다 여러 사람이 합심하여 할 때에 힘이 있습니다. 그러기에 초대교회는 120문도가 모여서 힘있게 부르짖을 때 성령의 충만을 받을 수가 있었습니다. 그러므로 우리 교회는 열심히 모여서 기도하는 힘있는 교회가 되어야 합니다.

전도도 여러 사람이 함께 할 때에 더 많은 사람을 건질 수가 있습니다. 우리 교회가 힘있는 교회가 되기 위해서는 온 교회 성도들이 힘을 모아야 합니다. 전도하러 많은 분들이 나오시는 것을 볼 때에 참으로 감사를 드립니다. 그 힘이 놀라운 기적을 만드는 것입니다.

특히 우리 교회가 자랑할 수 있는 것은 결혼식이나 장례식 때 온 성도들이 힘을 모은다는 것입니다. 기쁠 때 같이 기뻐해 주고, 슬플 때 함께 슬퍼해 주는 것이 사람이 사는 도리요, 성도들의 가장 큰 힘이 됩니다. 특히 어려움을 당한 집에 세 파트로 나누어서 한 치의 차질도 없이 열심히 일을 하여 도움을 주고, 위로하는 것은 우리 교회의 큰 장점입니다. 앞으로 이렇게 열심히 모여서 함께 나누며 살 때에 사단의 역사가 감히 넘보지 못하는 힘 있는 교회가 될 것입니다.

"1 더하기 1은 둘"이라고 할 것입니다. 그것은 숫자적인 결과입니다. 그러나 1 더하기 1은 둘이 아니라 셋이 될 수도 있습니다. 왜냐하면 둘의 재능이 합쳐지면 그것들의 단순한 합한 것보다 더 큰 효과를 발휘하기 때문입니다.

혼자 일할 때와 두세 사람이 일할 때의 결과는 대단한 차이가 납니다. 그러므로 힘을 모으는 것은 지혜입니다. 능력입니다. 가장 큰 창조적임 힘을 모으는 것입니다. 그러기 때문에 기도도 함께, 전도도 함께, 봉사도 함께 하는 것이 교회의 생명력입니다.

조선시대 중엽, 전라도 광주에 이생원이라는 사람이 살고 있었습니다. 어느 해 여름, 큰비로 마을 앞 개천의 둑이 터져 물이 폭포처럼 쏟아져 내렸습니다. 이생원은 불어난 흙탕물에 잠기려는 개미집을 발견하고, 가까스로 개미 떼를 구해 주었습니다.

그런데 다음해, 이생원의 집에 원인 모르게 쌀이 쌓이기 시작하더니 마당 한 구석을 가득 채웠습니다. 한편, 이웃집의 창고에서는 이상하게도 쌀이 조금씩 없어지더니, 마침내 텅 비게 되었습니다. 관가에서는 즉시 이생원을 잡아다가 그 연유를 물었습니다. 이생원은 자초지종을 이야기했습니다.

관가에서는 이생원에게 벌을 내릴 수가 없었습니다. 미물인 개미들이 은혜에 보답한 것을 알았던 것입니다. 그후 이 생원은 장마가 지면 개미집이 물에 잠길 것을 염려하여 튼튼하게 방죽을 쌓아 두었는데 이것이 광주 계림동에 있었던 경향 방죽이라고 합니다.

힘을 모을 때 작은 일이 큰 일이 됩니다. 혼자는 힘이 들지만 힘을 모을 때 능력 있게 일을 할 수가 있습니다.

3. 성전을 사모할 때 춤추게 하십니다.

본문을 보면 제자들이 성전에 올라갈 때 앉은뱅이가 일어나 춤을 추는 기적이 일어났습니다. 또 앉은뱅이 자신도 성전에 올라갈 때에 기적이 일어난 것입니다. 그러므로 춤추는 신앙은 성전 중심의 신앙이요, 성전을 사모하는 마음이 있을 때 춤추는 기적이 일어납니다.

성전은 성도의 마음의 고향입니다. 성전에서 하나님께 예배를 드립니다. 성전에서 주님의 음성을 듣습니다. 성전에서 기도를 드립니다. 성도의 모든 신앙행위가 성전에서 이루어집니다. 그러므로 성전은 성도의 모든 것입니다.

다윗은 이렇게 고백을 합니다.

"감사함으로 그의 문에 들어가며 찬송함으로 그의 궁정에 들어가서 그에게 감사하며 그의 이름을 송축할지어다(시 100:4).

하나님은 솔로몬에게 성전을 지으라고 하셨습니다. 그래서 솔로몬은 성전을 지어서 하나님께 헌당하였습니다. 그때 하나님은 이렇게 말씀하셨습니다.

"네 기도와 네가 내 앞에서 간구한 바를 내가 들었은즉 나는 네가 건축한 이 성전을 거룩하게 구별하여 내 이름을 영원히 그곳에 두며 내 눈길과 내 마음이 항상 거기에 있으리니"(왕상 9:3).

하나님의 눈과 귀와 마음이 있는 곳이 성전입니다. 그

러므로 성전을 사랑하는 것은 하나님을 사모하는 것과 같은 것입니다. 그런 믿음을 갖고 있는 사람에게 하나님은 춤추게 하는 은혜를 베풀어 주십니다.

그러나 더 중요한 성전은 우리 자신이 하나님의 성전이며 하나님의 성령께서 우리 안에 거하시는 전이라는 것을 알아야 합니다. 집이라고 하는 것은 그 안에 무엇이 있느냐에 따라 달리 부르게 됩니다. 얼음이 있으면 얼음집, 사람이 살고 있는 곳은 주택, 사무를 보는 곳은 사무실이라고 말합니다.

하나님께서는 내 안에 계십니다. 그러기 때문에 우리의 몸이 하나님이 거하시는 전이 되는 것입니다.

하나님의 능력을 체험한 많은 사람들이 하나님이 내 안에 계신다는 것을 알지 못하고 있다가 주님을 만난 이후 내 안에 주님이 살아 계신다는 것을 확인하고 감격하며 감사했던 것을 볼 수 있습니다.

바울은 이렇게 말합니다.

"내가 그리스도와 함께 십자가에 못 박혔나니 그런즉 이제는 내가 사는 것이 아니요 오직 내 안에 그리스도께서 사시는 것이라 이제 내가 육체 가운데 사는 것은 나를 사랑하사 나를 위하여 자기 자신을 버리신 하나님의 아들을 믿는 믿음 안에서 사는 것이라"(갈 2:20).

그러므로 내 몸을 가장 소중하게 여기어 온전하게 흠도 없이 하나님이 기뻐하시는 거룩한 성전으로 드려야 합니다.

하나님은 우리가 춤추는 삶을 살기를 원하십니다.

기도할 때, 힘을 모을 때, 성전을 사모할 때 춤추게 하십니다.

춤추게 하시는 하나님 (2)

제구시 기도 시간에 베드로와 요한이 성전에 올라갈새 나면서 못 걷게 된 이를 사람들이 메고 오니 이는 성전에 들어가는 사람들에게 구걸하기 위하여 날마다 미문이라는 성전 문에 두는 자라 그가 베드로와 요한이 성전에 들어가려 함을 보고 구걸하거늘 베드로가 요한과 더불어 주목하여 이르되 우리를 보라 하니 그가 그들에게서 무엇을 얻을까 하여 바라보거늘 베드로가 이르되 은과 금은 내게 없거니와 내게 있는 이것을 네게 주노니 나사렛 예수 그리스도의 이름으로 일어나 걸으라 하고 오른손을 잡아 일으키니 발과 발목이 곧 힘을 얻고 뛰어 서서 걸으며 그들과 함께 성전으로 들어가면서 걷기도 하고 뛰기도 하며 하나님을 찬송하니 모든 백성이 그 걷는 것과 하나님을 찬송함을 보고 그가 본래 성전 미문에 앉아 구걸하던 사람인 줄 알고 그에게 일어난 일로 인하여 심히 놀랍게 여기며 놀라니라 _ (행 3:1~10)

✤ 본문 말씀은 오순절 이후 최초의 기적 사건을 기록한 것입니다. 우리는 여기에서 두 종류의 인생 모습을 볼 수 있습니다.

첫째, 성전에 올라가는 인생이 있습니다.

베드로와 요한은 성전을 향하여 올라갔습니다. "주의 전의 하루가 다른 곳의 천 날보다 낫다"고 하신 말씀과 같이 그들은 성전에 모여 기도하기를 힘썼으며 성전을 사모하였습니다. 다윗은 말하기를 "사람이 내게 말하기를 여호와의 집에 올라가자 할 때에 내가 기뻐하였도다"(시 122:1)라고 하였습니다.

그들은 기도하러 올라갔습니다. 오순절날 큰 은혜를 받은 후 능력의 역사가 나타나고 있었으나 그들은 오히려 더욱 기도에 힘쓰고 있었습니다.

참된 그리스도인에게는 신앙생활의 의무가 있습니다. 성전에 나가 예배드릴 의무, 예물을 바칠 의무, 기도할 의무, 전도할 의무, 봉사할 의무 등 이는 누구를 막론하고 지켜야 할 의무입니다. 성도에게 있어서 성전에 기도하러 올라가는 일은 얼마나 귀중하고 영광스러운 일인지 모릅니다.

둘째, 성전 미문에 앉아 있는 인생이 있습니다.

이 사람은 나면서부터 앉은뱅이 된 사람으로, 한 번도 대로를 활보해 보지 못한 고장난 인생입니다. 오늘도 이 사람과 같이 고장난 사람이 많습니다. 육신적으로 고장난 사람도 있지만 정신적으로, 신앙적으로 앉은뱅이와 같이 고장난 인생이 얼마나 많은지 알 수 없습니다.

앉은뱅이는 자기의 개성을 가지고 있으나 타인에게 매어 다니는 인생이니 자의로 살지 못하고 타의로 사는 사람입니다. 교회 다니는 것도 남에게 이끌리어 다니는 사람이었습니다. 이 사람은 성전 문턱 신자입니다. 매일 남에게 끌리어 다니는 신자는 거지 신자입니다.

뿐만 아니라 이 사람은 말씀의 자립성이 없는 사람입니다. 우리의 신앙생활의 토대는 성경 말씀입니다. 그런데 고장난 인생은 하나님의 말씀에 의거하여 살지 못하고 성전 미문에 앉아서 지나가는 사람들에게 한푼 두푼 구걸을 하고 있으니 가련하기가 그지없는 인생입니다.

성경은 사람으로 하여금 "교훈과 책망과 바르게 함과 의로 교육하기에 유익하니 이는 하나님의 사람으로 온전하게 하며 모든 선한 일을 행할 능력을 갖추게 하려 함이니라"(딤후 3:16)고 하였습니다.

하나님의 말씀은 우리 영혼을 구원에 이르게 하는 지혜가 됩니다. 그러나 앉은뱅이 신앙은 진리의 묘미를 알지 못합니다. 마치 어떤 신자들이 은혜의 깊은 자리에 이르지 못하고 날마다 교회 뒷전에 앉았다가 돌아가는 것과 같습니다. 이러한 사람은 심령이 고장난 사람입니다.

그런데 중요한 것은 고장난 인생에게도 춤을 출 수 있는 기회가 온다는 것입니다. 남을 의지하고 성전 미문에서 구걸하던 고장난 인생에게도 새로운 광명이 비친 것입니다. 이 사람에게 춤을 출 수 있는 새출발이 시작될 때 성령 충만한 하나님의 사람 베드로와 요한을 만난 것입니다.

그래서 40여 년 간 고장난 삶을 살았던 이 사람이 순식간에 일어나서 뛰기도 하고 찬송도 하니 얼마나 환희에 넘치며 눈물겨운 장면이었겠습니까?

오늘 우리는 성전 미문에 앉아 있는 병적인 신앙, 머리로만 판단하고 지적으로만 헤아리는 행함이 없는 죽은 신앙을 버리고 힘차게 춤추는 신앙을 가져야 합니다.

그러면 어떻게 하여 춤을 추게 되었을까요?

1. 무엇이든지 날마다 하는 데서 춤추게 합니다.

본문을 보면 앉은뱅이도 날마다 성전 미문에 앉아 있었고, 제자들은 날마다 뿐만 아니라 하루에 세 번씩 성전에 올라가는 열심이 있었기에 춤추는 인생을 창조할 수가 있었습니다.

무엇이든지 기적을 만드는 일 뒤에는 '날마다'가 숨어 있습니다. 날마다가 아니면 놀라운 기적이 일어날 수가 없습니다. 그러므로 춤추는 인생을 살기를 원하는 사람은 어느 일을 하든지 날마다 해야 합니다.

영어를 공부하는 사람은 날마다 단어를 외우고 공부를 해야 하지 한꺼번에 다 한다고 되는 것이 아닙니다. 날마다 조금씩 조금씩 공부를 하는 것이 승리하는 비결입니다.

기도도 마찬가지입니다. 1년에 금식기도 한 번으로 기도 다 할 수가 없습니다. 매일매일 기도하는 습관이 하나님을 사랑하는 것이고 복을 받는 지름길입니다.

성경도 날마다 정해 놓고 읽으면서 하나님의 음성을 들을 때에 영혼이 살찌게 되는 것입니다.

사람이 식사를 하는데 한 번에 하루치나 한 달치를 다 먹을 수가 없습니다. 제때마다 끼니를 거르지 않고 먹는 습관이 건강을 유지하는 비결입니다.

김대중 전 대통령의 주치의였던 허갑범 교수의 말에 의하면 건강하기 위해서는 먹는 습관과 운동하는 습관이 매우 중요하다고 합니다.

먹는 것은 제때에 평상시 먹는 것의 3분의 2 정도만 먹고, 저녁 늦게는 절대로 먹으면 안 된다는 것입니다. 그리고 중간에 간식을 먹으면 건강에 아주 해롭다고 합니다.

운동도 하루에 30분 정도 날마다 한다면 건강을 유지할 수가 있다고 합니다. 이런 것을 무시하고 한꺼번에 무엇을 한다고 한다면 그것은 참으로 무서운 화를 스스로 불러오는 일이 됩니다.

중요한 것은 날마다가 중요합니다. 무슨 일이든지 날마다 할 때에 좋은 결과를 만들게 됩니다. 꿈의 사람, 희망의 사람은 모든 일을 날마다 합니다. 힘이 들지만 운동이든, 기도든, 성경읽기든, 날마다 하여 춤추는 인생을 펼치시기를 축원합니다.

2. 불쌍히 여기는 마음이 춤추게 합니다.

본문을 보면 두 사도가 구걸하는 이 사람을 "주목했다"고 말씀합니다. 우리는 여기에서 가난한 사람, 불쌍한 사람, 자기에게 도움을 요청하는 사람을 그냥 지나치지 않는 두 사도의 자비한 마음을 읽어볼 수 있습니다.

사실 두 사도는 기도 시간을 맞춰야 한다는 이유로, 은이나 금이 없다는 이유로 이 사람을 냉정히 무시하고 갈 수 있었습니다. 하지만 그 영혼을 불쌍히 여기는 마음이 있었기에 발을 멈추었던 것입니다. 우리에게도 바로 이러한 자비심, 긍휼히 여기는 마음이 있어야 합니다.

요즘 세상 인정이 워낙 각박하다 보니 그리스도인조차도 불쌍한 이웃을 거들떠보지 않는 것이 일상화되어 버렸습니다. 그러나 명심하십시오. 참된 성도의 모습에 대하여 "또 주린 자에게 네 양식을 나누어 주며 유리하는 빈민을 집에 들이며 헐벗은 자를 보면 입히며 또 네 골육을 피하여 스스로 숨지 아니하는 것이 아니겠느냐"(사 58:7)라고 성경은 우리에게 분명히 말씀하고 있습니다.

무정하고 무자비한 마음을 버리고 이웃을 사랑하되 뜨겁게 사랑하는 마음을 가질 때 춤을 추게 하는 기적이 일어납니다.

본문을 보면 베드로와 요한은 나면서 앉은뱅이 된 자를 일으켜 세우는 놀라운 이적을 행하였습니다. 베드로와 요한이 특별한 사람이기 때문에 이 일이 가능했습니까? 아닙니다. 그들은 분명 우리와 동일한 인간의 모습을 가진 보통 사람입니다.

그런데 그들에겐 예수 그리스도가 계셨습니다. 그리고 쉬지 않는 기도, 남을 불쌍히 여기는 자비한 마음이 있었습니다. 여러분에게 이러한 믿음과 사랑이 있기를 바랍니다. 이런 믿음이 기적을 만드는 신앙입니다. 이런 신앙이 춤을 추게 하는 것입니다.

꿈 많고 신사적이며 존경받던 그리스도인 가운데 토마스 무어 경이라는 사람이 있었습니다. 그는 무고하게 잡혀 죽임을 당하게 되었습니다. 그런데 그는 자기에게 사형을 언도하는 재판관을 향해서 유명한 말을 남겼습니다.

"재판관이시여, 내가 당신을 친구라고 부르도록 허락해 주십시오. 친구여, 나는 당신과 나의 관계가 바울과 스데반의 관계가 되기를 원하오. 바울이 스데반을 죽였지만, 지금쯤 하늘나라에서 이 두 사람은 가장 좋은 친구가 되어 있을 것이오. 그대가 나에게 죽음을 선고하지만 우리는 하늘나라에서 영원한 구원을 함께 누리는 친구가 되기를 바라오."

재판관은 이 토마스 무어 경의 감격스런 선언을 듣고서 이렇게 되묻습니다.

"내가 그대에게 사형을 언도했는데 그대가 나를 선대하는 이유는 무엇이오?"

토마스 무어 경은 대답하기를 "주께서 나에게 먼저 긍휼을 베풀어 주셨기 때문입니다"라고 하였습니다.

긍휼히 여기는 마음이 기적을 만듭니다. 언제 어디서나 나보다 어려운 사람들을 불쌍히 여기는 마음이 춤추게 하는 기적을 만드는 것입니다. 그것이 주님의 마음이기 때문입니다.

3. 좋은 만남이 춤추게 합니다.

제자들과 앉은뱅이가 만났기 때문에 춤을 추게 되었습니다. 그러므로 인생에서 제일 중요한 것이 만남입니다. 살면서 어떤 사람을 만나느냐에 따라 성공과 실패가 판가름 납니다.

성경을 보면 12년 동안이나 혈루병으로 고생하던 여인이 예수님을 만나 그에게 의지함으로 깨끗하게 고침 받은 사실이 기록되어 있습니다(막 5:25~34).

이 여인은 많은 의원에게 괴로움을 받았고 있던 것도 다 허비하였으되 아무 효험이 없고 도리어 중하여졌던 차에 예수님에 대한 소식을 듣게 되었습니다. 그리고 예수님을 만남으로 12년 동안 고생하던 혈루병을 고침 받았습니다.

일생일대에 있어서 만남처럼 중요한 것은 없습니다. 누구를 만나느냐에 따라서 한 인간의 앞길은 결정됩니다.

오늘날의 사람들은 이 만남에 대한 중요성을 인식하면서도 그 만남의 참뜻을 바로 찾지 못하는 경우가 많습니다.

예를 들면 물질적 만남, 즉 돈과의 만남을 최고의 만남으로 생각하거나 명예와의 만남을 갈구하는 일이 많습니다. 그러나 진정한 의미에서 진리와 정의, 선, 사랑의 만남은 소홀히 하는 경향이 있습니다. 이로 인하여 인간의 사회는 배타적 이기주의가 팽배하고 마치 선의 개념은 종교인들이나 갖고 있는 낡은 보수주의 정도로 생각하기 십상입니다.

성경에 죄인인 여인은 창녀였다고 알려져 있습니다(눅

7:36~50). 시가 3백만 원짜리 향유를 담은 옥합을 가지고 와서 예수의 뒤로 그 발 곁에 서서 울며 눈물로 그 발을 적시고 자기 머리털로 씻고 그 발에 입맞추고 향유를 몽땅 부었습니다. 단 한 번도 사람 취급을 받아보지 못했던 이 창녀, 생일도 없고 부모의 얼굴도 모르고, 무엇 하나, 누구 하나 사랑해 주는 이도 없고, 기쁘고 그리운 추억이라고는 그 마음속에 남아 있는 것이 없습니다. 의식에 눈뜬 순간부터 혹사와 구타와 질타와 천대와 굶주림 속에 헤매고 밤마다 남자들의 제물이 되어 왔습니다.

아무것도 기다려지는 것도 없었습니다. 그러다가 만난 예수, 잃어버린 부모와 사랑하는 하나님의 눈동자, 사랑과 생명의 눈동자를 만났습니다. 환희의 코러스가 울려 퍼지고, 영혼 속 생명의 샘이 터지고 말았습니다. 그렇게 많은 눈물이 어디서 터지는 것일까요. 사랑의 고백, 인생의 고백, 그 눈물로 기도와 헌신의 제사를 드리는 여인이 되고 말았습니다.

내가 지금 만나는 사람이 나에게 신앙의 유익을 주는 사람입니까? 아니면 다른 사람들의 불평과 불만을 털어 놓는 사람입니까? 좋은 만남이 내 영혼을 살립니다. 아니 다른 사람까지 살립니다. 언제나 내 자녀들에게 좋은 만남이 있기를 위하여 기도하시기 바랍니다. 그래야 춤을 출 수가 있기 때문입니다.

춤추는 인생은 참으로 아름다운 인생입니다. 여러분의 삶에 춤추게 하시는 하나님의 은혜가 넘치기를 기도드립니다.

춤추게 하시는 하나님(3)

제구시 기도 시간에 베드로와 요한이 성전에 올라갈새 나면서 못 걷게 된 이를 사람들이 메고 오니 이는 성전에 들어가는 사람들에게 구걸하기 위하여 날마다 미문이라는 성전 문에 두는 자라 그가 베드로와 요한이 성전에 들어가려 함을 보고 구걸하거늘 베드로가 요한과 더불어 주목하여 이르되 우리를 보라 하니 그가 그들에게서 무엇을 얻을까 하여 바라보거늘 베드로가 이르되 은과 금은 내게 없거니와 내게 있는 이것을 네게 주노니 나사렛 예수 그리스도의 이름으로 일어나 걸으라 하고 오른손을 잡아 일으키니 발과 발목이 곧 힘을 얻고 뛰어 서서 걸으며 그들과 함께 성전으로 들어가면서 걷기도 하고 뛰기도 하며 하나님을 찬송하니 모든 백성이 그 걷는 것과 하나님을 찬송함을 보고 그가 본래 성전 미문에 앉아 구걸하던 사람인 줄 알고 그에게 일어난 일로 인하여 심히 놀랍게 여기며 놀라니라 _ (행 3:1~10)

6·25 한국전쟁 때 풀리처 상까지 받은 히긴스라는 유명한 여자 종군기자가 있습니다. 그가 미 해병대에 종군하여 살을 에는 듯한 겨울철 한국의 전쟁터를 취재하던 때의 일입니다.

키가 큰 군인 한 명이 소나무에 기댄 채 깡통에 든 차가운 음식을 먹고 있었습니다. 며칠 동안 계속된 전투로 군인의 옷은 진흙과 얼음에 뻣뻣해져 있었고 수염이 길게 자란 얼굴은 너무도 피곤해 보였습니다.

히긴스 기자가 그 군인에게 다가가 물었습니다.

"만약 내가 하나님이라고 하고 당신의 소원을 들어주겠다고 한다면 당신은 나에게 무엇을 요청하시겠습니까?"

그러자 군인은 잠시 생각하더니 "Just give tomorrow"라고 말하였습니다. 즉 "내일을 달라" 는 것입니다.

그렇습니다. 우리에게 내일은 참으로 중요합니다. 내일을 보장받지 못한 사람은 불쌍합니다. 군인의 희망은 하루를 더 살 수 있는 생명을 달라는 것입니다. 군인에게는 5분 전과 5분 후의 일을 묻지 말라고 합니다. 과거에 얽매일 수도 없고, 미래는 불확실하다는 것입니다.

그런데 내일이 없다면 그는 죽은 사람입니다. 소망이 없다면 그는 죽은 사람과 같습니다. 여러분에게 진정한 내일이 있습니까?

우리는 예수를 믿는 사람들입니다. 예수 때문에 여기 모였습니다. 그런 여러분에게 있어서 예수의 이름이 무엇입니까? 예수의 이름이 여러분의 삶에 있어서 어떤 비중을 차지합니까? 예수의 이름이 여러분의 삶을 어떻게 변화시켰습니까? 예수 이름이 여러분에게 어떤 가치를 지니고 있습니까?

예수 그리스도의 이름은 이 세상의 모든 이름 위에 뛰어난 이름입니다. 어느 순간 갑자기 전 세상을 깜짝 놀라게 한 이름이 예수라는 이름입니다. 한 시대에 가장 큰 위력을 가진 이름은 어느 황제의 이름이 아닙니다. 어느 학자의 이름도 아닙니다. 오직 예수 그리스도라는 이름입니다.

한 시대에 가장 놀라운 변화를 가져다 준 이름도 예수 그리스도라는 이름입니다. 한 역사 속에 제일 많은 사람을 변화시키고, 나라를 변화시키고, 역사를 변화시킨 이름도 예수 그리스도라는 이름입니다. 예수 그 이름이 우리의 진정한 내일의 소망입니다.

이 이름이 본문에 나옵니다. 본문의 앉은뱅이는 금과 은으로 걸은 것이 아닙니다. 오직 예수 이름으로 걷기도 하고 뛰기도 하면서 춤을 추는 인생이 되었습니다.

"은과 금은 내게 없거니와 내게 있는 이것을 네게 주노니 나사렛 예수 그리스도의 이름으로 일어나 걸으라."

그러자 앉은뱅이가 일어나 춤을 추게 되었습니다. 예수 이름이 그렇게 힘이 있습니다. 예수 이름이 그렇게 능력이 있습니다. 이 시간에도 예수 이름이 우리 속에 역사한다면 지금도 걷기도 하고 뛰기도 하는 춤을 추는 은혜의 삶을 살게 되는 것입니다.

예수 그 이름은 천사를 통하여 하나님께서 친히 지어 주신 이름입니다.

"보라 네가 잉태하여 아들을 낳으리니 그 이름을 예수라 하라"(눅 1:31).

하나님께서 주신 이름, 나기 전에 지으신 이름, 모든 인류에게 구원을 약속하신 구세주의 이름, 그 이름이 나에게 무엇이 되는가를 깊이 생각하는 이 시간이 되었으면 합니다.

1. 예수 이름은 진정한 소망을 주는 이름입니다.

예수 그리스도의 이름은 두 가지에서 큰 소망입니다.

첫째, 이 땅에 사는 동안 우리의 모든 문제를 해결해 주시는 이름이 예수 이름입니다.

예수 그리스도는 인간의 모든 문제의 해결사입니다. 예수 그리스도의 이름이 있는 곳에 그 어떤 문제든지 해결이 안 되는 것이 없습니다. 그리스도는 우리의 물질의 문제를 해결해 주십니다. 건강의 문제를 해결해 주십니다. 마음에 답답함이 있을 때 시원함을 주시는 분이 그리스도입니다.

성경에 예수 이름으로 고침을 받은 이야기가 너무나 많이 있습니다. 예수 때문에 복을 받은 사람들의 이야기가 이 세상에는 너무나 많이 있습니다. 그러므로 예수는 우리의 진정한 소망이 되십니다.

본문의 앉은뱅이도 예수 이름으로 고침을 받았습니다. 평생을 앉은뱅이로 구걸하며 사는 사람이 일어나 뛰기도 하고 춤을 추기도 하는 이런 기적 같은 인생의 결과는 오직 예수 그리스도의 이름 때문이었습니다. 그러므로 문제가 있는 사람은 예수 그리스도의 이름 앞에 나아와야 합니다. 그럴 때 놀라운 기적의 삶을 체험하게 되는 것입니다.

둘째, 우리가 죽은 다음 천국으로 인도받는 이름이 예수 이름입니다.

사람은 누구나 살다가 죽게 되어 있습니다. 그때 그리스도를 믿는 사람은 하나님이 계신 하늘나라에 가는 것입니다. 고통과 눈물이 없는 주님이 계신 곳에 갈 수 있는 자격증은 오직 하나입니다. 예수 이름입니다. 예수를 믿는 사람이 천국에 갑니다.

세상에서는 차별이 너무나 많이 있습니다. 잘난 사람, 못난 사람, 배운 사람, 못 배운 사람, 있는 사람, 없는 사람 등의 구분이 너무나 많습니다. 그러나 하나님의 나라에서는 구분이 없습니다. 한 가지입니다. 예수를 믿었는가 안 믿었는가 하는 것뿐입니다. 참으로 공평하신 하나님입니다. 그러므로 진정한 소망은 예수 이름뿐입니다.

예수 이름은 진정한 기쁨을 주는 이름입니다. 하늘의 생명을 주는 이름입니다. 찬송가 81장의 가사를 보면 "귀하신 주의 이름은 참 아름다워라. 내 근심 위로하시고, 평강을 주시네"라고 하였습니다. 예수의 이름은 위로를 주는 이름입니다. 평강을 주는 이름입니다. 그러므로 예수 이름이 성도의 진정한 소망입니다.

로마의 카타콤은 그리스도인의 박해의 유적지입니다. 그것은 27개의 굴로서 굴 속이 무수히 나뉘고 그 전 연장은 실로 500마일에 미친다고 합니다. 이곳에서는 약 500만 명의 그리스도인의 시체가 장사되었다고 합니다. 전설에 의하면 십자가상의 그리스도를 보고 "이 사람은 정녕 의인이었도다"라고 말한 백부장의 시체도 있다고 전해집니다.

　이 굴 벽에는 갖가지 마크가 새겨져 있는데 물고기 모양이나 닻의 모양 등이 보입니다. 이러한 유형은 그 당시 그리스도인들이 얼마나 박해를 견디고 고난 중에서도 희망과 환희를 가지고 죽어갔는지 이야기해 주고 있습니다.

　어떻게 초대교회 성도들이 그 많은 박해와 환난 가운데서도 믿음을 지킬 수가 있었을까요? 그리스도 그분이 우리의 진정한 소망이 되기 때문입니다. 나의 기쁨 나의 소망 되신 주님이 우리가 믿는 예수 그리스도입니다. 그리스도 그분은 우리의 진정한 소망입니다.

　2. 예수 이름은 그 이름을 믿는 자들에게 영원히 함께하는 이름입니다.

예수님께서는 말씀하시기를 "세상 끝 날까지 함께하겠다"고 하셨습니다. 하나님의 자녀 된 우리를 절대로 버리지 않는 분이 우리가 믿는 하나님입니다. 그분에게 돌아오기만 하면 안아주시고 감싸주시며 진정으로 사랑해 주시는 분이 우리가 믿는 주님입니다.

네덜란드의 코리텐 붐 여사는 나치 수용소에서 생지옥을 사는 동안 부활하신 주님과 동행하는 체험을 하고 해방 후 주님 따라 온 세계를 다니며 전도하는 분이었습니다.

그가 성경을 두 트렁크에 잔뜩 담아 가지고 소련에 입국하는데, 세관에서 발견되면 몰수되는 것을 알면서도 세관원들의 눈을 보지 못하게 해달라고 믿고 기도하며 통관 수속을 하고 있었습니다.

맨 뒷줄에서 기도만 하고 있는데 드디어 자기 차례가 왔습니다. 그 트렁크들의 주위가 갑자기 눈이 부시게 빛이 나더니 세관원이 "이것이 할머니 짐이오? 정말 무겁군요. 내가 좀 들어다 드리지요" 하며 펴보지도 않고 택시 타는 곳까지 들어다 주었습니다. 천사가 그 짐을 통관시켰던 것입니다. 주님과 함께 동행하는 사람에게는 이런 간증거리가 조금도 이상하지 않습니다.

다니엘이 사자 굴에 들어갔습니다. 그러나 굶주린 사자가 다니엘을 잡아먹는 것이 아니라 오히려 한 천사가 나타나 사자의 입을 막았습니다. 하나님이 함께하는 다니엘이었기 때문입니다. 예수 이름을 믿는 자는 하나님의 함께하심을 증거할 수 있는 기적 같은 일을 체험할 수가 있습니다.

초대교회의 최대한 가장 큰 무기는 예수 그리스도라는 이름이었습니다. 그들은 어디를 가든지 이 이름의 무기만 가지고 있으면 두렵지 않았습니다. 가장 최신형의 무기요, 가장 최고의 무기였기 때문입니다.

이 이름은 곡사포도 되고, 직사포도 됩니다. 이 무기는 거리와도 상관이 없습니다. 가까운 거리, 먼 거리 아무런 상관없이 사용할 수 있는 무기가 예수 이름이었습니다. 언제나 함께하시는 이름이 예수 이름이기 때문입니다. 언제 어느 때나 함께하시는 예수 이름으로 승리하시기를 축원합니다.

3. 예수 이름은 은과 금보다도 뛰어난 이름입니다.

하나님께서는 예수님을 지극히 높여 모든 이름보다 더 높은 이름으로 주셨습니다.

"이러므로 하나님이 그를 지극히 높여 모든 이름 위에 뛰어난 이름을 주사"(빌 2:9).

그러므로 이 예수의 이름은 보통 이름과는 다른 놀라운 이름이 아닐 수 없습니다.

세상은 은과 금으로 모든 것을 평가합니다. 은과 금은 세상 사람들의 존경의 대상입니다. 그러나 그것보다도 더 높은 것이 있다면 예수 이름입니다.

은과 금이 앉은뱅이를 일으키지는 못했습니다. 아니 은과 금이 앉은뱅이 된 사람을 구걸하는 걸인으로 만들었습니다. 그러나 예수 이름은 앉은뱅이를 일으켜 세웠습니다. 걷기도 하고, 뛰기도 하게 했습니다. 춤을 추게 만들었습니다. 많은 사람들에게 자신감과 용기를 주는 이름이 예수 이름이었습니다.

그러므로 예수 이름은 삶의 희망입니다. 삶의 용기입니다. 예수 이름을 의지할 때에 놀라운 기적이 일어납니다.

첫째, 예수 이름은 모든 무릎이 그 앞에 경배하기에 족한 귀한 이름입니다. 예수는 하나님의 아들이시요, 모든 만물을 만드신 하나님이기 때문입니다.

둘째, 예수 이름은 구원을 주는 이름입니다. 예수 이름 이외에는 죄악에서 구원받을 수 있는 이름이 없습니다.

"다른 이로써는 구원을 받을 수 없나니 천하 사람 중에 구원을 받을 만한 다른 이름을 우리에게 주신 일이 없음이라 하였더라"(행 4:12).

셋째, 놀라운 표적과 기사가 이루어지는 이름입니다.

"손을 내밀어 병을 낫게 하시옵시고 표적과 기사가 거룩한 종 예수의 이름으로 이루어지게 하옵소서 하더라"(행 4:30).

넷째, 예수 이름은 기도 응답의 보증이 되는 이름입니다.

"너희가 내 이름으로 무엇을 구하든지 내가 행하리니"(요 14:13).

은과 금과 같은 것으로는 도무지 해결할 수 없는 것을 예수 이름으로 해결합니다.

예수 이름은 진정한 필요를 채워주는 이름입니다. 앉은뱅이는 자신에게 진정으로 필요한 것을 잊어버리고 살고 있었습니다. 그렇게 성전 미문에 앉아 구걸하는 것을 자신의 운명으로 받아들이며 살아가고 있었습니다. 동전 몇 푼이 가장 자신에게 절실하게 필요한 것으로만 알고 있었습니다.

그러나 정작 이 앉은뱅이에게 필요한 것은 그 몇 푼의 동전이 아니었습니다. 그에게 진정으로 필요한 것이란 마음껏 뛰어 다니며 일하여 자립해서 살아가는 것이었습니다. 모르는 것이 아니었습니다만, 희망이 없어 그렇게 체념한 채 하루하루 살아가고 있었던 것입니다. 하지만 예수님의 이름은 어떤 문제도 해결할 수 있습니다.

앉은뱅이는 체념과 절망의 구렁텅이에서 예수 이름으로 건짐을 받았습니다. 일어나 생전 처음으로 걸어보고 기뻐 뛰며 하나님을 찬양하였습니다.

예수 이름은 병든 육체를 고칩니다. 예수 이름은 병든 영혼을 고칩니다. 예수 이름은 절망과 좌절에 빠진 사람들에게 희망과 소망을 줍니다.

여러분, 인생이 힘들고 고통스럽습니까? 예수 이름으로 춤추는 은혜가 있기를 축원합니다.

하나님의 은총이 춤추게 합니다

여호와여 내가 주를 높일 것은 주께서 나를 끌어내사 내 원수로 하여금 나로 말미암아 기뻐하지 못하게 하심이니이다 여호와 내 하나님이여 내가 주께 부르짖으매 나를 고치셨나이다 여호와여 주께서 내 영혼을 스올에서 끌어내어 나를 살리사 무덤으로 내려가지 아니하게 하셨나이다 주의 성도들아 여호와를 찬송하며 그의 거룩함을 기억하며 감사하라 그의 노염은 잠깐이요 그의 은총은 평생이로다 저녁에는 울음이 깃들일지라도 아침에는 기쁨이 오리로다 내가 형통할 때에 말하기를 영원히 흔들리지 아니하리라 하였도다 여호와여 주의 은혜로 나를 산같이 굳게 세우셨더니 주의 얼굴을 가리시매 내가 근심하였나이다 여호와여 내가 주께 부르짖고 여호와께 간구하기를 내가 무덤에 내려갈 때에 나의 피가 무슨 유익이 있으리요 진토가 어떻게 주를 찬송하며 주의 진리를 선포하리이까 여호와여 들으시고 내게 은혜를 베푸소서 여호와여 나를 돕는 자가 되소서 하였나이다 주께서 나의 슬픔이 변하여 내게 춤이 되게 하시며 나의 베옷을 벗기고 기쁨으로 띠 띠우셨나이다 이는 잠잠하지 아니하고 내 영광으로 주를 찬송하게 하심이니 여호와 나의 하나님이여 내가 주께 영원히 감사하리이다
_ (시 30:1~12)

❧ 가끔 운동경기를 보면 매우 재미있을 때가 있습니다. 다 지다가 막판에 이길 때입니다. 특히 자기 편이 이길 때 그 때의 기쁨은 몇 배나 큽니다.

지난 9월 14일 우리나라 국민 타자인 이승엽 선수가 몸담고 있는 요미우리 팀이 히로시마 팀과 맞붙었습니다. 이것은 본선 진출을 결정하는 가장 중요한 시합이었는데 요미우리는 안타깝게도 9회전까지 8:3으로 패색이 짙어오고 있었습니다. 그런데 9회 말에 요미우리는 놀랍게도 대거 5점을 얻어내며 8:8 동점이 되었고 시합은 연장전으로 넘어갔습니다. 기적 같은 일이었습니다.

연장전의 마지막이 12회인데도 아직도 동점이었고 요미우리 팀은 마지막 공격에서 투아웃이 되어 이 중요한 시합에서 못 이기나 보다 하며 체념할 즈음 요미우리 선수가 연속 안타를 치고 나갔고 결국 요미우리가 역전하여 승리했습니다. 천신만고 끝에 얻은 승리였습니다.

승리가 결정되는 순간 더그아웃(dugout)에 있던 감독과 선수들은 운동장으로 뛰어나와 춤을 추며 기뻐하였고, 요미우리 팬들도 기뻐 난리가 났습니다. 온통 축제였습니다. 지다가 이겼기 때문에, 아니, 질 줄 알았던 경기를 이겼기 때문에 기쁨은 극적인 반전을 타고 몇 배의 절정에 이르렀던 것입니다.

여러분, 우리 인생도 마찬가지입니다. 질 것 같다가도 이기기도 합니다. 모자랄 것 같아도 뒤늦게 채워지고, 불행할 것 같은데도 뒤늦게 축복을 맛보기도 합니다.

 오랫동안 속을 썩이던 자녀가 효도하는 자녀로 바뀔 때 정말 기쁨이 큽니다. 망해가던 사업이 일어나게 될 때 얼마나 기쁘겠습니까? 건강을 잃은 몸이 완전히 회복될 때 얼마나 감사하고 기쁜지 아실 것입니다. 한마디로 지다가 이기거나, 코너에 몰렸다가 극복해 냈을 때 그것처럼 기쁘고 감사한 일도 없습니다. 우리 하나님은 믿는 자에게 이런 기적과 은총을 베푸십니다.
 우리가 잘 아는 인천의 주안장로교회 나겸일 목사님은 간이 나빠 복수가 차서 헉헉거리며 죽어가고 있을 때 간호사가 가족들에게 다가와 장례를 준비하라고 했습니다. 그러나 하나님은 마지막 죽음의 순간에 목사님을 건강하도록 바꾸셨습니다. 지금 그는 얼마나 감사하며 큰 목회를 하고 있는지 모릅니다. 여러분, 하나님은 우리를 역전시키며 춤을 추게 하시는 분입니다.

 오늘 본문에서도 춤을 추게 하시는 하나님을 만나게 됩니다. 본 시편 기자는 이유를 알 수 없지만 그는 매우 힘든 상황에서 고통스러워하고 있습니다. 그의 고통과 괴로움은 점점 커져서 슬픔과 분노가 되었습니다. 얼마나 힘들었으면 분노가 되었을까요? 그런데 그는 결과를 놓고 이렇게 고백합니다.

"주께서 나의 슬픔이 변하여 내게 춤이 되게 하시며 나의 베옷을 벗기고 기쁨으로 띠 띠우셨나이다."

슬픔과 억울함 그리고 분노를 하나님은 바꾸셔서 기뻐 춤을 추게 만드셨습니다. 불행했던 순간을 행복한 삶으로 바꾸신 것입니다. 시편의 기자는 이런 변화는 놀라운 하나님의 은혜이기에 모든 영광을 하나님께 드리며 여호와 하나님을 찬송하였습니다.

"여호와 나의 하나님이여 내가 주께 영영히 감사하리이다."

하나님은 고난을 벗어나게 하셨습니다. 기도에 응답하셨습니다. 그래서 복을 주신 하나님의 은혜를 찬양했습니다. 춤을 추며 하나님께 기쁨과 감사로 영광 돌렸습니다.

하나님은 연약한 영혼을 지금도 도우시며 마지막에 춤을 추도록 승리의 은혜를 베푸십니다. 우리 금천의 모든 성도들에게 춤추게 하시는 이 하나님의 은혜가 가정마다 가득하기를 축복합니다.

그러면 하나님께서 어떻게 우리를 춤추게 하시는가를 살펴보겠습니다.

1. 원수를 이겨서 춤추게 하십니다.

본문에 이렇게 말씀합니다.
"여호와여 내가 주를 높일 것은 주께서 나를 끌어내사 내 원수로 하여금 나로 말미암아 기뻐하지 못하게 하심이니이다"(1절).

시편 기자 주변에는 어떤 이유에서인지 모르지만 기자를 넘어트리려는 원수가 많았습니다. 그 원수들은 기자의 영혼을 파괴하고 삶을 무너트리려고 위협했습니다. 그리고 실제로 기자는 완전히 넘어질 뻔하였습니다. 자신의 힘으로는 원수를 이길 힘도 없었습니다. 그저 당할 수밖에 없는 처지였습니다.

하지만 결과적으로 넘어지지 않았으며 패배하지 않았습니다. 오히려 마지막에 원수들이 기뻐하지 못하도록 하나님은 원수들을 패배시키셨습니다. 승리하게 하신 것입니다.

기자는 하나님의 도우심과 역사하심이 원수를 이기게

하신 것을 알게 되었습니다. 이 사실이 감사하고 기뻐서 하나님께 영광을 돌리며 "여호와여 주를 높입니다"라고 하였습니다.

그렇습니다. 하나님은 지금도 사랑하는 하나님의 백성으로 하여금 원수를 이기게 하시고 춤추게 하시는 분입니다. 오늘도 우리가 가는 앞길에 수많은 원수들이 우리를 둘러싸고 넘어트리려고 합니다.

원수란 우리를 공격하여 파멸시키려는 모든 세력을 말합니다. 이런 세력들은 때로는 아주 강력한 힘을 가지고 나타나기도 합니다. 마치 히브리인들을 철저하게 탄압하였던 애굽의 바로 왕처럼 강력한 힘으로 우리를 괴롭히기도 하며 광명한 천사로 가장하여 우리를 속이고 넘어트리려고 합니다.

때로는 부드럽고 매력적인 모습으로 나타나기도 합니다. 에덴동산의 하와를 유혹하던 뱀처럼 그럴 듯한 유혹으로 우리를 파멸로 이끌기도 합니다.

그러나 여러분, 사단이 우리를 공격할 때 하나님은 우리 옆에서 우리를 이기도록 돕고 계십니다. 사단의 힘이 아무리 강하다 할지라도 하나님보다 강하지는 못합니다. 사단이 아무리 지혜롭다 해도 하나님보다 지혜롭지는 못합니다. 그래서 하나님이 언제나 이기십니다. 이 사실을 알아야 합니다.

루터가 1517년 종교개혁의 기치를 들었을 당시에 교황청의 세력은 누구도 대항할 수 없는 아주 막강한 것이었습니다. 교황은 한낱 수도사에 불과한 루터 같은 사람은 수천 명도 파멸시킬 수 있는 막강한 권세를 가지고 있었습니다.

루터의 존재는 마치 거센 바람 앞에 하늘거리는 촛불 같았습니다. 처음에는 누구도 그 촛불이 온전하리라고는 보지 않았습니다.

루터가 보름스 의회 앞에서 심문당할 때 그는 으르렁거리는 이리떼들 속에 서 있는 어린 양과 같았습니다. 아무도 그가 거기서 살아 나온다는 생각을 할 수 없었습니다. 하물며 그가 주장하는 종교개혁이 성취되리라고는 누구도 상상할 수 없었습니다.

루터에게 있어서 교황청은 아주 무서운 원수였습니다. 그가 진리를 깨우치고 비텐베르크 교회 정문에 95개조

항의문을 내걸자 교황청은 루터의 무서운 원수로 변하였습니다. 루터는 교황청에 비하면 바위 앞의 계란 같은 상대였습니다.

그러나 계란 같은 힘으로 루터는 바위 같은 교황청을 상대로 이겼습니다. 하나님이 루터를 이기게 하셨습니다. 루터는 연약했으나 원수보다 강한 하나님은 루터를 도우셨습니다. 그리고 원수가 기뻐하지 못하게 하셨습니다. 오히려 루터로 기뻐 춤추게 하셨습니다.

하나님은 이렇게 춤추게 하시는 분입니다. 우리가 하나님을 의지하며 믿음으로 살아가는 한 하나님은 우리를 패배 속에 버려지게 하지 않습니다. 우리가 넘어지거나 쓰러지려고 할 때 우리 옆에서 우리를 응원하십니다. 그리고 도우시며 이기게 하시며 마침내 춤추게 하십니다.

다윗이 시편 23편에서 "내 잔이 넘치나이다"라고 한 이 믿음의 고백은 그 많은 고생을 이겨내며 살아온 다윗이 자신의 인생을 돌아보며 하나님이 순간순간 도와 주셔서 결국 승리했음을 말합니다. 그 많은 어려움을 고비마다 이겨내게 하심으로써 축복의 잔이 넘친다는 승리의 고백입니다.

한 가지 놀라운 사실은 다윗은 숱한 적들의 위협 속에서도 하나님을 붙드는 믿음의 손을 절대로 놓지 않았습니다. 그 믿음이 하나님께서 도와주시도록 만들었고 결국 그로 하여금 춤을 추게 하였습니다.

여러분, 어렵고 힘드십니까? 믿음 안에서 참고 인내하시기 바랍니다. 아무리 힘들고 실망스러워도 우리보다 힘센 전능하시고 살아계신 하나님을 붙드는 믿음의 손을 놓지 않기를 바랍니다.

하나님께서 우리 옆에서 응원하고 계십니다. 그리고 언젠가 우리를 괴롭히고 실망시키는 환경을 걷어 가십니다. 그리고 우리를 반드시 승리하게 하셔서 춤추게 하십니다. 이 승리의 날에 기뻐 춤을 추는 성도가 되시기를 주님의 이름으로 축복합니다.

2. 부르짖음에 응답하심으로 춤추게 하십니다.

하나님은 우리를 사단의 구렁텅이에서 건져내시며 이기게 하는 은혜를 베푸실 뿐만 아니라 새롭게 고쳐서 춤추게 하십니다.

본문 2절과 10절 말씀입니다.

"여호와 내 하나님이여 내가 주께 부르짖으매 나를 고치셨나이다, 여호와여 들으시고 내게 은혜를 베푸소서 여호와여 나를 돕는 자가 되소서 하였나이다."

시편 기자는 계속된 환난과 고통으로 인하여 육체까지 병이 들었고 영혼까지 상처를 입었습니다. 이젠 더 이상 치료받지 않으면 안 될 상황까지 왔습니다. 하지만 자신이 너무 약하여 자신의 힘으로 병든 몸과 영혼을 치유할 수가 없었습니다. 그래서 오직 하나님만 붙들며 하나님만 의지했습니다. 간절하게 기도하며 의지하였습니다. 기도하며 치료받길 원했습니다.

그런데 놀라운 사실은 하나님이 그의 부르짖음에 응답하셨습니다.

"내가 주께 부르짖으매 나를 고치셨나이다"(2절).

하나님께 부르짖었더니 하나님이 응답하셨습니다. 하나님이 고치셨습니다.

신앙생활을 하면서 응답받았을 때의 기쁨이 얼마나 큰지 그것은 응답받아 본 사람만이 압니다. 시편 기자는 응답받고 나서 이렇게 외칩니다.

"주의 성도들아 여호와를 찬송하며 그의 거룩함을 기

억하며 감사하라"(4절).

하나님은 부르짖는 자에게 응답하심으로 복을 주십니다. 그리고 영광을 나타내십니다.

하나님은 기도하는 사람에게 응답하시는 분입니다. 죽어가는 사람도 기도하면 살아나게 하시는 분이 우리 하나님이십니다.

유명한 설교가 스펄전 목사님은 "10년을 근심하고 염려하는 것보다 차라리 10분간 기도하는 것이 낫다"고 했습니다. 왜냐하면 근심은 상황을 변화시키지 못하나 기도는 살아계신 하나님으로부터 상황을 변화시키는 응답을 불러일으키기 때문입니다.

하나님은 지금도 부르짖는 우리에게 응답하십니다. 기도는 고달픈 삶 속에서 매일매일 전쟁을 치르며 살아가는 인생들이 하나님의 능력을 공급받는 통로입니다. 하나님의 응답을 체험하는 문제 해결의 열쇠입니다.

삶에 문제가 생기면 두려움, 근심, 걱정이 생기고 원망과 불평이 따릅니다. 이런 마음은 문제 해결을 위하여 아무것도 할 수 없습니다.

그러나 하나님의 말씀에 의하면 구하면 얻어지고 찾으면 찾게 되고 두드리면 열린다고 했습니다. 기도는 하나님의 능력을 여는 열쇠입니다. 기도라는 열쇠로 열면 안 열리는 것이 없습니다. 주의 백성들은 기도를 통하여 풍요로움을 공급받습니다. 기도를 통하여 우리 인생이 옥토와 같은 축복의 밭으로 변하는 것입니다. 그러므로 부르짖는 기도는 축복입니다.

부모는 자식에서 가장 좋은 것을 주고 싶어합니다. 하나님도 우리에게 가장 좋은 것을 주기를 원하십니다.

하나님은 하나밖에 없는 아들 예수님을 십자가 위에서 희생시키면서까지 우리를 구원하셨습니다. 험한 세상길에서 외롭게 살며 상처 받아 고통 중에 사는 우리 영혼을 살리기를 원하십니다. 그래서 성령을 보내셔서 우리의 위로자가 되시고 변호자가 되시며 치료자가 되어 주십니다. 이 일을 감당하고자 하나님은 우리의 부르짖음에 귀를 기울이고 계십니다. 부르짖길 기다리다가 응답하십니다. 그래서 결국은 우리로 하여금 춤추게 하십니다.

사랑하는 성도 여러분, 답답하고 힘든 일이 주변에 산재해 있더라도 낙망하지 말고 기도하며 나아갑시다. 온 마음을 다해 하나님의 이름을 부르며 부르짖고 춤추게 하시는 하나님의 은혜를 체험하며 하나님께 영광 돌리는 성도가 되시기를 주님의 이름으로 축복합니다.

3. 하나님의 노여움은 잠깐이고 은총은 평생이기에 춤추게 하십니다.

본문 5절 말씀입니다.
"그의 노염은 잠깐이요 그의 은총은 평생이로다 저녁에는 울음이 깃들일지라도 아침에는 기쁨이 오리로다."
그렇습니다. 하나님의 은총은 말로 다 형용할 수 없을 정도로 우리에게 임하십니다. 한 순간도 하나님의 은총을 입지 않고 사는 사람은 없습니다. 하나님은 악한 사람에게나 선한 사람에게 다같이 비를 내리시고, 공기를 주시기 때문에 우리가 살고 있는 것입니다. 그러므로 하나님의 은총에 대하여 감사해야 합니다.

앨버트 몰티라는 사람이 "땅 위에서 가장 행복한 사람"이라는 글에서 이렇게 말합니다. 이 사람은 오랫동안 직업이 없이 실직자가 되어서 지내온 적이 있습니다. 매우 절망적이었습니다. 삶이 위축당하고 열등감에 휩싸여 실의에 빠져 있을 때 직장을 하나 찾았습니다. 그의 직업은 다름이 아니라 폭발물을 실은 마차를 끌고 다니는 것이었습니다. 그 직업을 알선한 사람이 이 사람에게 말하기를 "이 폭발물을 싣고 다니다가 이 폭발물이 폭파될 때 당신은 죽을는지 모릅니다"라고 하였습니다. 그럼에도 불구하고 그는 이렇게 대답했습니다.

"폭발물을 실은 마차를 끌고 다니는 자체가 나를 이 땅 위에서 가장 행복한 사람이 되게 했습니다. 나는 인생에 대한 사랑을 다시 깨달았습니다. 나는 개인적인 새로운 가치를 깨닫게 되었습니다. 나에게 사회에 봉사할 수 있는 기회를 주었습니다. 내 인간성을 회복하게 되었습니다. 이 일로 인하여 하나님께 감사합니다."

하나님의 은총에 대한 감사를 하고 있는 것입니다.

스코틀랜드의 식사기도문 가운데 이런 내용이 있습니다.

"평범한 식사는 없습니다. 매일 우리 식탁에 마련된 식사는 우리의 성만찬입니다. 왜냐하면 사람들이 식량을 마련하기 위하여 바다와 육지에서 목숨을 걸기 때문입니다. 그들의 수고로 우리가 안전하게 생활하고 굶지 않을 수 있기 때문입니다."

오늘 우리가 살고 먹고 입고 지내는 것은 어떤 사람들이 목숨을 걸고 희생한 대가로 우리가 먹고 살고 있기 때문에 식탁을 성찬식과 같이 받아야 한다고 얘기하는 것입니다.

오늘 이 아름다운 전에서 감사의 예배를 드리는 우리들이야말로 숭고한 사람들입니다. 아름다운 사람들입니다. 하나님의 은총으로 살고 있는 사람들이기 때문입니다.

여러분이 연초 21일 다니엘 특별기도회 때 모여서 하나님 앞에 부르짖었더니 하나님께서 응답해 주셨습니다. 하나님께 예배드릴 수 있는 이 하나만 가지고도 하나님께 영광과 감사를 드려야 할 것입니다.

여러분, 삼중고의 인생 헬렌 켈러가 자신의 자서전에서 이렇게 말한 적이 있습니다.

"그들은 내게서 눈을 빼앗아 갔다. 그러나 나는 밀턴의 실락원을 기억한다. 그는 내게서 귀를 빼앗아 갔다. 그러나 내게 베토벤이 다가와 있다. 그는 내게서 혀를 빼앗아 갔다. 그러나 나는 어렸을 때 하나님과 대화를 나누었다. 하나님께서는 그들로 하여금 내 영혼을 빼앗아가지 못하게 하셨다. 그 영혼을 소유함으로 내가 모든 것을 소유한 것을 하나님 앞에 감사한다."

삼중고의 일생으로 산 헬렌 켈러의 감사는 내 영혼이 구원받은 것에 대해서 하나님 앞에 감사한다고 했습니다. 우리는 이미 교회를 통해서 내 생명이 구원받은 것에 대해서 주의 이름으로 감사해야 합니다.

그렇습니다. 다 깨닫고 보면 하나님의 노여움은 잠깐입니다. 그러나 은총은 평생입니다. 마치 부모님이 내가 잘못했을 때에는 아주 무섭게 혼을 내는 것처럼 보여도 사실 그것은 잠깐입니다. 부모님의 은총 때문에 우리가 여기까지 온 것입니다.

하나님의 은혜도 마찬가지입니다. 하나님의 노여움은 잠깐입니다. 그러나 은총은 영원합니다. 이 하나님의 사랑을 의심하지 말고 감사하면서 춤추게 하시는 주님의 은혜를 더욱 찬양하면서 승리하는 여러분이 되시기를 축복합니다.

돌아오는 사람을
춤추게 하십니다

또 이르시되 어떤 사람에게 두 아들이 있는데 그 둘째가 아버지에게 말하되 아버지여 재산 중에서 내게 돌아올 분깃을 내게 주소서 하는지라 아버지가 그 살림을 각각 나눠 주었더니 그 후 며칠이 안 되어 둘째 아들이 재물을 다 모아 가지고 먼 나라에 가 거기서 허랑방탕하여 그 재산을 낭비하더니 다 없앤 후 그 나라에 크게 흉년이 들어 그가 비로소 궁핍한지라 가서 그 나라 백성 중 한 사람에게 붙여 사니 그가 그를 들로 보내어 돼지를 치게 하였는데 그가 돼지 먹는 쥐엄 열매로 배를 채우고자 하되 주는 자가 없는지라 이에 스스로 돌이켜 이르되 내 아버지에게는 양식이 풍족한 품꾼이 얼마나 많은가 나는 여기서 주려 죽는구나 내가 일어나 아버지께 가서 이르기를 아버지 내가 하늘과 아버지께 죄를 지었사오니 지금부터는 아버지의 아들이라 일컬음을 감당하지 못하겠나이다 나를 품꾼의 하나로 보소서 하리라 하고 이에 일어나서 아버지께로 돌아가니라 아직도 거리가 먼데 아버지가 그를 보고 측은히 여겨 달려가 목을 안고 입을 맞추니 아들이 이르되 아버지 내가 하늘과 아버지께 죄를 지었사오니 지금부터는 아버지의 아들이라 일컬음을 감당하지 못하겠나이다 하나 아버지는 종들에게 이르되 제일 좋은 옷을 내어다가 입히고 손에 가락지를 끼우고 발에 신을 신기라 그리고 살진 송아지를 끌어다가 잡으라 우리가 먹고 즐기자 이 내 아들은 죽었다가 다시 살아났으며 내가 잃었다가 다시 얻었노라 하니 그들이 즐거워하더라 _ (눅 15:11~24)

❦ 컴퓨터 파일을 압축하는 기술을 세계 최초로 개발하여 엄청난 돈을 번 필립 카츠라는 사람이 있습니다.

그는 23세에 획기적인 압축 프로그램을 개발했고 'PK웨어' 라는 회사를 차려 Microsoft와 IBM 등 세계적인 회사들을 고객으로 확보하여 일순간에 백만장자로 껑충 뛰어올라 주체할 수 없이 돈을 벌었습니다. 미국의 매스컴이 연일 그에 대해서 보도하고 모든 사람들이 천재라고 입을 모아 칭찬했습니다.

그런데 그렇게 돈을 많이 벌었지만 그는 자기 인생을 절제할 힘이 없었습니다. 그래서 자기 마음대로 살았습니다. 술을 마시고 여자들과 방탕하기 시작했습니다. 그는 술과 여자로 가진 재산을 모두 탕진했습니다. 그 결과 몇 년 후에 그는 빈 털터리가 되어 싸구려 호텔방을 전전하다가 37세의 젊은 나이에 비참하게 죽고 말았습니다. 한때 수백만장자로 돈 많은 재벌이었던 사람이라고 믿어지지 않는 몰골이었습니다. 자신을 잘 관리하지 못했기 때문입니다.

인간의 삶에서 자신을 다스린다는 것은 정말 중요합니다. 그런데 안타깝게도 자신을 다스리지 못하여 비참한 인생을 사는 사람들이 의외로 많이 있음을 우리는 알고 있습니다. 참으로 안타까운 일입니다.

"호위호차(虎威狐借)"라는 고사성어가 있습니다. 이 말은 여우가 호랑이의 힘을 빌려 왕 노릇 한다는 말입니다.

여우가 산길을 가다 호랑이를 만났습니다. 여우가 꾀를 내어 말하기를 "이 산에서 나보다 강한 자가 없습니다요. 증명해 보일 테니 내 뒤를 따라와 주세요"라고 하였습니다. 정말 짐승들이 여우를 보자 다 달아나 버립니다. 사실은 뒤에 있는 호랑이 때문에 다른 동물들이 다 도망을 가는 것인데 말입니다. 호랑이가 생각하기를 "야, 이놈이 정말 센 놈이구나. 나도 봉변을 당할는지 모르겠는걸" 하고 슬슬 뒷걸음질치면서 숨어버렸습니다. 여우는 그것도 모르고 거들먹거리며 가다가 늑대에게 잡아 먹히고 말았습니다.

이 우화는 우리 인생의 어리석음을 풍자하는 말입니다.

오늘 본문의 탕자가 바로 여우와 같은 신세가 되고 만 사람입니다. 이 친구는 아버지께 재산을 얻어 가지고 그 돈의 힘을 믿고 독불장군처럼 행세를 했습니다. 아버지도 안중에 없습니다. 가족도 가정도 고향도 친구도 그는 안중에 없습니다. 자기가 왕입니다. 돈의 힘을 믿고 그는 못하는 게 없는 줄 알았고 못 가질 게 없는 줄 알았지만 그의 인생은 지금 비참한 모습으로 실패하고 말았습니다.

그러나 우리가 여기서 중요하게 생각해야 할 것이 있습니다. 이렇게 허랑방탕하게 인생을 산 사람이라 할지라도 오늘 본문을 보면 아버지는 이 아들에게 춤을 추게 하였다는 것입니다.

오늘 우리도 마찬가지입니다. 본문의 탕자처럼 낭비와 허비의 인생을 산다 할지라도 하나님은 우리에게 춤추게 하는 은총을 베푸신다는 것을 알아야 합니다. 그러므로 결코 낙심하거나 좌절할 이유가 없습니다.

그러면 우리가 어떻게 할 때 하나님께서 춤추는 인생으로 만들어 주실까요?

1. 고난 속에서 자신이 어떤 존재인가를 볼 줄 아는 사람을 춤추게 하십니다.

여러분은 불감증이란 병을 들어보셨습니까? 말 그대

로 느끼지 못하는 병입니다. 우리가 살고 있는 시대를 불감증의 시대라고 말합니다. 이 시대는 깨닫지 못하고 각성하지 못하고 있다는 것이 문제입니다. 무엇이 옳고 그른 것인지를 모릅니다.

작년도에 중국의 수도 베이징의 스페인 대사관에 갑자기 들이닥친 25명의 무리들이 있었습니다. 그들은 목숨을 걸고 중국 공안요원들의 집요한 추적을 따돌리며 대사관 진입을 강행하였습니다. 바로 탈북자들이었습니다. 그들은 성명서를 발표했습니다.
"우리는 절망적인 상황에 놓여 있으며 북한에서 우리의 종말을 기다리기보다는 자유를 찾아 모험을 감행했다."
그들은 깨달았던 것입니다. 자기들이 살고 있는 북한의 절망적인 상황에서는 더 이상 자유를 찾을 수가 없다는 것을 알았습니다. 그래서 목숨을 걸고 국경을 넘어서 자유를 찾은 것입니다. 그러나 정작 자유를 누리고 있는 우리들은 자유가 얼마나 중요한 것인지를 느끼지 못하며 살고 있지 않습니까?
깨달음은 정말 중요한 것입니다. 만약 그들이 자유에

대해서 깨닫지 못했다면 그들이 말하는 것처럼 북한에서 종말을 기다리며 살았을 것입니다. 그러므로 우리 인생에서 참으로 중요한 것은 자신의 존재에 대하여 발견하는 것입니다. 우리의 인생은 자각하고 깨달을 때에 비로소 성장하고 성숙하며 의미를 갖게 됩니다.

오늘 본문에 나오는 탕자가 아무것도 몰랐을 때는 집을 떠나고 재산을 다 탕진합니다. 그런데 고난 속에서 많은 경험을 하고 나니 비로소 깨닫게 되었습니다. 본문은 이렇게 말합니다.

"그가 돼지 먹는 쥐엄 열매로 배를 채우고자 하되 주는 자가 없는지라 이에 스스로 돌이켜 이르되 내 아버지에게는 양식이 풍족한 품꾼이 얼마나 많은가 나는 여기서 주려 죽는구나"(16~17절).

이 말은 지난날의 나의 잘못을 알게 되었다는 것입니다. 이것이 중요합니다.

탕자 아들이 있어야 할 자리는 어디였습니까? 돼지우리가 아니고 바로 아들의 자리입니다. 그런데 지금은 어디에 있었습니까? 아버지는 집 나간 탕자를 이렇게 묘사합니다.

"죽었다가, 잃었다가"(24절).

그렇습니다. 하나님 밖에 있는 자리는 죽은 자리, 잃은 자리입니다. 이것을 탕자는 깨달았습니다.

많은 사람들이 왜 자신의 미래를 열어가지 못하는지 아십니까? 자신이 지금 어느 곳에 있는지를 알지 못하기 때문입니다. 그러나 하나님이 춤추게 하시는 사람은 자신을 볼 수 있는 사람입니다.

나는 지금 어떤 존재인가 하는 자신의 수준을 아는 사람입니다. 위치적으로 나는 누구인가, 어디쯤에 있는 사람인가를 아는 사람입니다. 신앙적으로 나는 어디에 있는 사람인가를 아는 것이 중요합니다.

본문의 탕자가 춤추게 되는 비결은 자신이 누구이며 어느 위치에 와 있는가를 알았다는 데 있습니다. 자신을 안다고 하는 그 자체가 변화의 출발이 되기 때문입니다. 새로운 결단의 기회이며, 새로운 출발의 시발점이 되기 때문입니다.

그러므로 우리는 항상 자신에게 질문을 던져야 합니다. "나는 어떤 존재인가? 나는 지금 하나님이 기뻐하시는 자리에 있는가? 내가 하는 이 일은 정말 옳은 것인가?' 이런 질문을 던질 때에 새로움의 변화가 눈에 들어옵니다. 더 나은 것이 발견됩니다.

지금 내가 성공하든 실패하든 스스로 이런 질문을 던질 때에 춤추게 하시는 은혜의 자리로 들어가게 됩니다. 축복의 지름길이 되는 것입니다. 그런 은혜가 우리 금천의 성도들에게 있기를 축복합니다.

2. 진정으로 회개하는 사람을 춤추게 하십니다.

이제 자신이 어떤 자리에 있는가를 아는 사람은 두 번째 시도를 하게 됩니다. 즉 돼지 죽을 먹는 자리에 있다는 것을 알았다면 이제는 벗어날 수 있는 길을 찾는 것입니다. 그래서 탕자 아들은 회개하고 집으로 돌아옵니다.

본문은 이렇게 말합니다.

"내가 일어나 아버지께 가서 이르기를 아버지여 내가 하늘과 아버지께 죄를 지었사오니 지금부터는 아버지의 아들이라 일컬음을 감당하지 못하겠나이다 나를 품꾼의 하나로 보소서 하리라 하고"(18~19절).

탕자는 아버지 품을 떠나 집 나온 것이 큰 죄인 줄 알고 크게 후회하고 아버지 집으로 돌아갑니다. 한마디로 말한다면 진정한 회개를 했다는 것입니다.

여러분, 생각해 보시기 바랍니다. 자책과 회개는 무엇이 다릅니까? 자기 가슴을 치며 "이 못난 놈아, 이 나쁜 놈아, 이 바보 같은 놈아" 하며 자책하는 것은 회개가 아닙니다. 회개라는 말은 헬라어로 '메타노이아'입니다. 이 말은 "방향 전환"이라는 뜻입니다.

그러므로 회개란 후회하는 것도 아니고 자책하는 것도 아니고 죄를 꼬치꼬치 고백하는 것도 아니고 그 근본적인 문제인 방향을 바꾸는 것입니다. 방향을 바꾸지 않은 이상 아무리 자책을 하고 가슴을 치면서도 그 길로 가는 것은 회개가 아닙니다. 회개는 방향을 바꾸어 뒤로 돌아서는 것입니다.

가룟 유다의 경우를 보십시오. 그가 예수님을 팔아먹고 난 다음에 회개했습니까? 아닙니다. 그는 후회하고 자책하고 자기가 죄를 지었다고 고백한 후 자살해 버렸습니다. 돌이켜 예수께로 오지 않았습니다.

그러나 베드로는 예수님을 모른다고 세 번이나 부인하

고 죄를 범했지만 그냥 후회하고 자책하고 고백하고만 있었습니까? 아닙니다. 돌이켜 예수님께로 찾아 왔습니다. 이것이 진실한 회개입니다.

유명한 신학자 브루너는 이런 말을 했습니다. 어떤 사람이 기차를 잘못 탔습니다. 그러나 그는 기차를 갈아탈 생각은 하지 않고 "야! 제대로 확인해 보고 탈걸, 잘못했네. 내가 왜 바보처럼 이 기차를 탔나. 이 바보 천치야. 아! 기차를 잘못 탔구나"라고 고백하고 자책하면서 잘못된 행위를 한탄하기만 했습니다.

얼마 후 도착한 곳은 목적했던 곳이 아닌 전혀 다른 곳입니다. 그가 목적지에 도달하기 위해서는 기차를 갈아탔어야만 했습니다. 마찬가지로 회개는 방향 전환을 의미합니다.

시카고의 어느 작은 교회에서 장례식이 있었습니다. 세 살짜리 어린아이의 장례식이었습니다. 목사님이 기도할 때에 모두 눈을 감고 있었는데, 초라하게 더러운 옷을 입은 거지 행세의 남자 하나가 들어왔습니다. 그는 세 살짜리 어린아이의 시체에 신겨 있는 신발을 몰래 벗겨 가지고 도망갔습니다. 그리고 그것을 35센트에 팔아서 술을 사 마셨습니다. 그는 알코올 중독자입니다. 바로 그 사람이 죽은 어린아이의 아버지였습니다.

여러분, 상상해 보십시오. 세 살짜리 자기 딸이 죽었는데 장례식에 참석했다가 그 신발을 벗겨 가지고 가서 팔아 술을 사 마시는 이런 인간을 누가 사람이라고 하겠습니까. 금수만도 못한 거지, 다 끝난 인간 아닙니까?

그런데 이 사람이 예수 믿고 구원받아 목사님이 되었습니다. 멜트라더라고 하는 목사님입니다. 그는 후에 유명한 부흥사가 되었고 시카고 역사에 기록되는 훌륭한 부흥사가 되었습니다. 이 사람은 주로 알코올 중독자를 상대로 전도해서 수천 명의 알코올 중독자들을 주님 앞으로 인도했습니다.

여러분, 이같은 사람도 주님께로 돌아오면 새사람이 됩니다. 오늘도 회개하면 얼마든지 새롭게 될 수 있습니다.

하나님은 이렇게 진정으로 회개하는 사람을 기뻐하십니다. 그리고 이런 사람에게 춤을 추게 하십니다. 우리 금천의 모든 성도들은 자책이나 고백을 넘어서 진정한 회개를 통하여 하나님이 춤추게 하시는 은총을 입는 축복의 사람이 다 되시기를 축복합니다.

3. 하나님 품으로 돌아오는 사람을 춤추게 하십니다.

탕자는 돼지우리에서 생각했을 것입니다. '일어나 아버지에게로 갈 것인가? 아니면 그냥 이대로 주저앉을 것인가?'

인생이라는 먼 길을 항해하는 우리 앞에는 결정해야 될 것들이 많이 있습니다. 그러나 결단이 필요할 때에 결단하는 사람이 춤을 추는 사람입니다.

믿음의 결단은 외롭지만 홀로 해야 합니다. 누구에게 물을 필요가 없습니다. 상의해봤자 소용없습니다. 돼지우리의 사람들의 대답은 뻔합니다.

"너는 탕자 인생밖에 살지 못한다. 그냥 그대로 주저앉아 있으면 된다. 너에게 더 이상 무슨 희망이 있겠는가?"

아마 여러분도 이런 경험이 있을 것입니다. 그럼에도 아직도 서성거리고 있지는 않습니까?

사람의 머리에서 가슴까지를 재보니 42㎝입니다. 그런데 이 머리 믿음에서 가슴 믿음까지 내려오는 데 10년이 되어도 아직도 멀었다고 하는 사람들이 너무나 많이 있습니다.

본문에서 탕자는 "내가 일어나"라고 말합니다. 일어나는 결단을 했습니다. 탕자가 있는 곳이 어디입니까? 아버지 집을 떠난 먼 나라입니다. 허랑방탕했던 곳입니다. 냄새 나는 돼지우리라는 곳입니다. 그런데 탕자는 이곳을 떠나서 아버지에게로 돌아가는 결단을 하였습니다.

탕자가 어떻게 이런 결단을 할 수 있었을까요? 그가 만난 고난 때문입니다. 고난이 없었다면 탕자의 생애는 별로 달라지지 않았을 것입니다. 탕자는 모든 것을 낭비했습니다. 남은 것은 허무감뿐입니다. 잔은 비었고 고뇌만 남았습니다. 꿀은 없고 벌에 쏘인 상처만 남았습니다.

설상가상으로 흉년을 만났습니다. 마침내는 궁핍하게 되었습니다. 쥐엄열매로 주린 창자를 채우고자 할 때에 음식을 주는 이가 아무도 없었습니다.

이때 탕자는 결단을 합니다. 일어났습니다. '내가 아버지에게 머리를 들 수 없는 짓을 하였지만 그래도 아버지에게로 돌아가야만 한다. 그 길만이 내가 살 길이다.' 이런 생각을 합니다. 그리고 행동으로 옮깁니다. 비록 초라

한 모습이지만 아버지에게 가는 것만이 자신이 살 길임을 알았기 때문입니다.

그렇습니다. 우리가 인생을 살다가 잘못하기도 하고, 여러 가지의 고난과 역경도 있을 것입니다. 그때마다 필요한 것은 하나님을 생각하는 것입니다. 아니 생각만 하는 것이 아니라 하나님께 돌아오는 것입니다. 그래야 살 길이 열립니다.

본문의 탕자가 살게 될 뿐만 아니라 춤추는 인생으로 다시 바뀌게 된 것은 하나님 품으로 돌아오게 되었기 때문입니다.

박성옥이라는 공무원의 간증입니다. 중앙청 국장을 지냈고 기업체를 둘이나 가진, 돈 많고 권세 있는 분입니다. 그런데 어느 날 갑자기 몸이 피곤해지고 기력이 희미해지고 얼굴이 붓고 팔에 부스럼이 생겼습니다. 병원에 가서 진찰을 했더니 나병이라는 것입니다. 하늘이 무너지는 듯했고 눈앞이 깜깜했습니다.

발병한 지 1년 3개월 만인 어느 날 그는 새벽 4시에 잠든 사랑하는 3남매 몰래 집을 떠나야만 했습니다. 문둥이에게 오라는 곳이 어디입니까? 소록도입니다. '내가 살아서 무엇하나, 저 바다에 빠져 죽으리라'는 생각으로 바다에 뛰어들려는 순간이었습니다. 누군가 뒤에서 붙잡았습니다. 할 수 없이 소록도에 들어갔습니다. 그런데 소록도에서 주님을 영접하였습니다. 소망의 새 삶이 시작된 것입니다. 절망이 변하여 감사가 되었고 슬픔이 변하여 기쁨이 되었습니다. 그는 말했습니다.

"나는 소록도가 아니었으면 예수를 만나지 못했을 것입니다. 사람들은 소록도를 버림받은 자들이 모인 곳으로 압니다. 그러나 많은 사람이 그곳에서 하나님을 만났으니 어찌 기적이 아니겠습니까?"

그는 결국 고난을 통하여 춤추는 인생이 되었습니다.

고난은 정말 우리에게 큰 아픔이 될 수 있습니다. 그러나 그 고난을 통하여 우리 주님을 만나기만 한다면 오히려 축복이 되어 춤추게 하시는 하나님의 은혜를 맛보게 됩니다.

오늘도 탕자와 같은 삶을 살고 있는 분이 계십니까? 우리 주님의 품으로 돌아와야 합니다. 나의 잘못을 회개하는 것입니다. 그러면 하나님께서 따뜻한 품으로 우리를 안아 주실 것입니다. 그리고 춤추게 하실 것입니다. 이 춤추게 하시는 은혜가 우리 금천의 성도들에게 넘치기를 축복합니다.

좋은 신앙이 춤추게 합니다

어떤 사람이 다윗 왕에게 아뢰어 이르되 여호와께서 하나님의 궤로 말미암아 오벧에돔의 집과 그의 모든 소유에 복을 주셨다 한지라 다윗이 가서 하나님의 궤를 기쁨으로 메고 오벧에돔의 집에서 다윗 성으로 올라갈새 여호와의 궤를 멘 사람들이 여섯 걸음을 가매 다윗이 소와 살진 송아지로 제사를 드리고 다윗이 여호와 앞에서 힘을 다하여 춤을 추는데 그때에 다윗이 베 에봇을 입었더라 다윗과 온 이스라엘 족속이 즐거이 환호하며 나팔을 불고 여호와의 궤를 메어오니라 여호와의 궤가 다윗 성으로 들어올 때에 사울의 딸 미갈이 창으로 내다보다가 다윗 왕이 여호와 앞에서 뛰놀며 춤추는 것을 보고 심중에 그를 업신여기니라 _ (삼하 6:12~16)

❦ 막스 러너라고 하는 사람은 이런 말을 했습니다.

"지금 우리는 과거 어느 때보다도 많은 자유를 누리면서 살아가고 있습니다. 하지만 그렇게 많은 자유를 누리면서도 우리에게 기쁨이 없다는 사실은 정말 충격적입니다. 하고 싶은 것을 마음대로 하고, 가고 싶은 곳을 마음대로 가고, 생각하고 싶은 것을 마음대로 생각하면서도 기쁨이 없다는 사실은 너무나도 불행한 것입니다."

오늘을 사는 사람들에게 기쁨이 없다는 것에 대하여 여러분은 어떻게 생각하십니까? 그건 사실입니다. 세월이 가면 갈수록, 생활이 풍요로워지면 풍요로워질수록, 문명이 발달하면 발달할수록 기쁨이 점점 더 사라져만 갑니다.

얼마 전 신문을 보니까 지금 이 시대를 사는 사람들이 30년 전 사람들에 비해 웃는 횟수가 3분의 1로 줄었다고 합니다. 도대체 무엇 때문일까요? 점점 더 패역한 시대가 되어 가기 때문입니다. 사단이 최후의 몸부림을 치고 있기 때문입니다.

우리 인간의 마음속에는 마음의 강물이 흐릅니다. 마음의 강물은 평소에는 고요히 흐르다가 어떤 순간을 만나게 되면 마치 제방이 터지는 것과 같이 폭발하기도 합니다.

이런 경우는 두 가지가 있습니다. 마귀가 터뜨리는 경우가 있습니다. 그럴 때 사람은 분노에 사로잡혀서 평소와는 전혀 다른 사람이 됩니다. 화를 내기도 하고, 자신을 주체할 수 없는 사람이 되어 이성을 잃고 실수를 연발하며 사단의 도구로 전락해 버립니다.

그러나 하나님이 터뜨리시는 경우가 있습니다. 그럴 때 사람은 천국의 기쁨에 사로잡히게 됩니다. 하나님이 춤추게 하시기 때문에 정말 기쁨과 즐거움뿐입니다.

본문의 다윗이 바로 그 주인공이었습니다. 다윗의 기쁨은 오늘 원자탄처럼 폭발했습니다. 그리고 다윗의 기쁨이 온 성 안의 기쁨이 되었습니다. 그래서 덩실덩실 미친 사람처럼 춤을 추었습니다.

다윗의 기쁨이 터져 덩실덩실 춤을 춘 이유가 무엇입니까? 하나님의 법궤 때문에 기쁨이 폭발했습니다. 법궤는 예수님을 아직 만나지 못했던 구약시대 사람들이 하나님과 연결되는 통로였습니다.

법궤는 하나님의 임재의 상징이었습니다. 법궤는 하나님이 우리와 함께 계시다는 표시였습니다. 그래서 구약시대에는 법궤를 성소의 맨 중심인 지성소에 두었습니다. 그러니 당시에 법궤가 얼마나 귀한 것입니까?

다윗의 나라가 안정기에 접어들었습니다. 그런데 하나님의 법궤는 아직도 시골의 한 쪽 구석에 있는 겁니다. 다윗은 '나는 여기 편히 있는데 하나님의 법궤가 시골에 있다니……' 하는 생각이 들었습니다. 하나님의 법궤를 수도로 옮겨오고 싶은 마음이 간절했습니다.

다윗은 시골에 있는 오벧에돔의 집으로 많은 사람들을 데리고 가서 법궤를 예루살렘으로 가져왔습니다. 너무나 기뻐서 그는 덩실덩실 춤을 추었습니다.

그러면 다윗이 왜 그렇게 춤을 추게 되었습니까?

1. 법궤는 하나님이 우리와 함께하신다는 상징이기 때문입니다.

우리가 신앙생활을 하면서 하나님이 나와 함께하심을 느낄 때보다 기쁜 때는 없습니다. 하나님의 임재를 느낄 때 기쁨이 충만합니다. 하나님의 보호하심과 사랑하심과 능력 주심을 느낄 때 기쁨이 충만합니다. 하나님이 나를 안아 주시고 내 손을 잡아주시는 것을 느낄 때 기쁨이 충만합니다. 내 문제를 해결해 주셨을 때 정말 기쁨이 충만합니다. 내 기도를 들어 응답해 주셨을 때만큼 기쁜 때는 없습니다.

그리스도인에게 있어 최고의 기쁨은 우리 하나님으로 인한 기쁨입니다. 그래서 하나님의 은혜를 아는 사람은 예배를 귀히 여깁니다. 하나님을 경배하고 찬양하고 기도하고 그 분의 말씀을 들으면서 세상이 줄 수 없는 참 기쁨과 평안을 누리기 때문입니다. 이 기쁨은 누구와도, 무엇과도 바꿀 수 없는 기쁨입니다.

성경은 이렇게 말씀합니다.

"주의 궁정에서 한 날이 다른 곳에서의 천 날보다 나은 즉 악인의 장막에 사는 것보다 내 하나님의 성전 문지기로 있는 것이 좋사오니"(시 84:10).

다윗도 그랬습니다. 하나님 임재의 상징이며 하나님이 함께하신다는 약속의 상징인 법궤를 모셔오면서 다윗의 마음은 기뻤습니다. 하나님이 함께하신다는 것이 그의 마음을 그렇게도 기쁘게 했던 것입니다. 그래서 다윗은 오늘 덩실덩실 춤을 추었습니다.

"나의 사전에 불가능이란 없다"는 유명한 말을 남긴 사람이 나폴레옹입니다. 그런데 그가 패망한 워털루 전투에 관해서 나폴레옹 시대의 위대한 시인인 프랑스의 작가 빅토르 위고는 다음과 같은 기록을 남겼습니다.

그 격전이 있던 날 아침 작달막한 키의 전제 군주 나폴레옹은 싸움이 벌어질 벌판을 바라보며 그의 사령관에게 그 날의 작전을 설명하고 있었습니다.

"우리는 여기에 보병을 배치하고 저쪽에는 기병을, 그리고 이쪽에는 포병을 배치할 것이오. 날이 저물 때쯤에는 영국은 프랑스에게 굴복돼 있을 것이며, 웰링톤 장군은 나폴레옹의 포로가 될 것이오."

이 말을 듣던 네이 사령관이 조심스럽게 말했습니다.

"각하! 계획은 사람이 세우지만 성패는 하늘에 달렸다는 걸 잊어서는 안 될 것입니다."

이 말을 들은 나폴레옹은 작달막한 그의 몸을 쭉 펴서 키를 늘이며 자신만만하게 말했습니다.

"장군은 나 나폴레옹이 친히 계획을 세웠다는 것과 나 나폴레옹이 성패를 주장한다는 사실을 명심하기 바라오."

빅토르 위고는 이어서 다음과 같이 기록하고 있습니다.

그 순간부터 이미 워털루 전투는 패배한 것이나 다름없었습니다. 하나님께서 비와 우박을 퍼부었으므로 나폴레옹의 군대는 계획한 작전을 하나도 펼 수가 없었습니다. 그리하여 전투가 벌어진 그날 밤에 나폴레옹은 영국의 웰링톤 장군의 포로가 되었고 프랑스는 영국에 굴복하고 말았습니다.

우리는 모든 것을 우리의 손아귀에 쥐고 있는 듯이 말할 때가 많습니다. 그러나 세상일은 그 어느 것 하나 내 마음대로 되는 것이 없음을 우리는 날마다 경험하고 있습니다. 나폴레옹의 완벽한 계획도 하나님이 허락하지 않으시면 전혀 쓸모없다는 것을 나폴레옹은 그 당시에 깨닫지 못하고 있었습니다.

우리는 하나님을 떠나 아무것도 스스로 할 수 없음을 고백하여야 합니다. 그래서 성경은 "제비는 사람이 뽑으나 모든 일을 작정하기는 여호와께 있느니라"(잠 16:33)고 말씀합니다.

이것을 알고 있었던 다윗은 하나님의 임재의 상징인 법궤를 모셔오고 있었습니다. 그리고 그 법궤를 모셔오는 것이 그렇게 즐겁고 기뻐서 춤을 추었습니다.

하나님은 오늘도 우리와 함께하십니다. 그것을 믿고 사는 것이 온전한 신앙입니다.

오늘 우리 금천의 성도들은 지금도 나와 함께하시는

하나님을 믿으시기 바랍니다. 그래서 모든 일에 즐겁게 춤을 추는, 승리하는 인생이 되시기를 축복합니다.

2. 그림자가 아니라 실체를 만난 사람은 춤을 추지 않을 수가 없습니다.

다윗은 하나님의 마음에 들었던 신령한 하나님의 사람입니다. 그렇게 신령한 다윗은 하나님의 상징을 나타내는 법궤를 모셔올 때 기뻐서 춤을 추었습니다. 그러나 오늘 우리는 모형이 아니라 실체를 보고 있다는 것을 알아야 합니다. 그런데도 우리는 얼마나 기뻐하는 삶을 살고 있습니까?

다윗에게 하나님이 함께하신다는 증거는 무엇입니까? 법궤입니다. 우리에게 하나님이 함께하신다는 증거는 무엇입니까? 예수 그리스도입니다. 모형은 법궤입니다. 그러나 실체는 예수 그리스도입니다. 다윗의 법궤가 우리에게는 예수 그리스도입니다. 이것은 정말 놀라운 일입니다.

그러면 깊이 생각해 보시기 바랍니다. 다윗이 영적 비

밀을 많이 알고 있습니까? 아니면 우리가 많이 알고 있습니까? 놀랍게도 우리가 많이 알고 있습니다. 다윗은 그림자를 보았지만 우리는 실체를 보았기 때문입니다.

예수님은 우리를 대신하여 죽으심으로 우리를 하나님의 자녀가 되게 하셨습니다. 그러므로 주님은 우리에게 임마누엘의 상징입니다.

우리가 신앙생활을 하면서 항상 감사해야 할 이유가 무엇입니까? 우리 주님이 항상 우리와 함께하신다는 것입니다. 먼저 성령으로 우리와 함께하십니다. 말씀으로 함께하십니다. 주님은 세상 끝 날까지 함께하십니다.

우리는 이 말씀을 믿으면서 언제나 즐겁고 기쁘게 살아야 합니다. 우주의 주인 되시는 하나님이 함께하시는 사람으로 모든 일에 담대하고 용기 있게 살아야 합니다. 그래서 우리는 오늘도 춤을 출 수가 있는 것입니다.

여러분이 살면서 힘들 때가 있을 것입니다. 그때마다 한 가지는 잊지 마시기 바랍니다. 나는 주님을 떠날지는 몰라도 주님은 나를 영원히 떠나지 않는다는 것을 말입니다. 그러므로 우리는 춤추게 하시는 은혜를 감사하면서 승리하는 삶을 살아야 합니다.

우리 예수님은 예수님을 믿고 의지하는 모든 사람에게 주님이 되십니다. 어떤 죄인이라도 그분을 통해 하나님을 만날 수 있습니다. 구약의 법궤는 두려움의 상징이지만 신약의 법궤가 되신 예수님은 사랑과 자비의 법궤입니다. 그러므로 구약의 법궤와 신약의 법궤가 되신 예수 그리스도와는 비교할 수가 없는 것입니다.

그렇습니다. 성도들이 주님을 정말 사랑할 때 그 얼굴은 자연히 영혼 속에 있는 기쁨을 나타내 주는 법입니다. 마치 모세가 시내 산에서 내려왔을 때 그의 얼굴이 거룩한 광채를 발하고 있었던 것과 같이 말입니다. 스데반 집사가 돌에 맞아 순교할 때도 성령이 함께하시니 그의 얼굴이 천사와 같았다고 한 것처럼 말입니다.

우리가 정말 주님으로부터 죄 사함을 받고, 구원의 확신이 있으며, 신앙고백이 분명하다고 한다면 우리에게는 기쁨이 있어야 합니다. 내 손에 지금 억만금보다도 더 소중한 구원의 주님이 함께하고 있는데 어찌 기뻐하지 않을 수가 있겠습니까?

주님만 생각하면 우리 가슴은 금방 벅차올라야 합니다. 시무룩하다가도 주님만 생각하면 우리 가슴은 감동으로 떨려야 합니다. 아무 생각이 없다가도 주님만 생각하면 괜히 좋아서 웃음이 나와야 합니다.

저와 여러분에게는 예수 그리스도가 계십니다. 다른 것 아무것도 없어서 신세 한탄이 절로 나와도 가만히 생각해 보면 내게 하나님의 아들의 영이 있다는 것만으로도 기뻐져야 합니다. 다윗이 법궤 때문에 그렇게 춤을 추며 기뻐했다면 예수님 때문에 우리는 천배 만배는 더 기뻐해야 합니다.

그러나 안타까운 것은 우리는 건망증이 너무도 심합니다. 저도 심하게 아파보니까 그랬습니다. 웃음도 사라지고 기쁨도 사라졌습니다. 그런데 누워서 가만히 생각해 보니까 내게 예수님이 계시는 것입니다. 그분은 늘 나와 함께 계십니다. 상황이 좋을 때나 안 좋을 때나 내게서 떠나지 않고 늘 계십니다.

그러므로 항상 기뻐하라는 것입니다. 범사에 감사하라고 하십니다. 다른 조건이 없어도 예수 그리스도 때문에 기뻐하며 춤을 출 수 있어야 그 신앙이 좋은 신앙입니다. 그림자가 아닌 실체가 되시는 우리 주님 때문에 큰 기쁨이 충만하여 춤추는 은혜가 있기를 축복합니다.

3. 하나님은 우리의 영혼 속 깊은 곳까지 기쁨을 주시기 때문입니다.

다윗은 정성껏 제사를 드리고 나서 법궤를 운반해 돌아갑니다. 너무 기뻐 덩실덩실 춤을 추었습니다. 이 춤은 성으로 들어갈 때까지 계속 이어졌습니다.

너무나 기쁘면 사람은 춤을 추게 됩니다. 너무나 기쁘면 그것이 표정으로 드러나다 못해 몸으로도 드러나게 됩니다. 이 몸으로 드러나는 것이 하나님으로 인해 기쁘고 즐거워서 추는 영적인 춤입니다. 예수님 때문에 기뻐 추는 영혼의 깊은 곳에서 우러나오는 춤입니다.

그런데 오늘 성경은 또 다른 유형의 한 사람을 특별히 소개합니다. 다윗의 첫째 아내인 미갈입니다. 다윗 왕이 백성들과 어울려 춤을 추는데 속옷이 다 드러날 정도로 춤을 추며 어쩔 줄을 모르고 있는 겁니다. 미갈이 보기에는 한 마디로 미친 사람 같았습니다. 본문 16절을 보면 미갈이 그 모습을 보고 "심중에 그를 업신여기니라" 하였습니다.

그 여자는 모든 사람이 기뻐 뛰노는 축제 때 혼자서 팔짱을 끼고 구경하고 있었습니다. 그리고는 드디어 남편이 들어오자 "당신은 계집종에게도 수치를 당할 사람이군요"라고 말하면서 찬물을 퍼부었습니다.

다윗이나 미갈이나 둘 다 하나님을 아는 사람들입니다. 그런데 한 사람은 너무나 기뻐서 어쩔 줄 몰라하며 영혼의 깊은 곳에서 우러나오는 춤을 추었습니다. 그러나 한 사람은 그것을 보며 비웃고 업신여깁니다. 한 사람의 마음은 뜨거운데 또 한 사람의 마음은 뱀처럼 차갑고 냉담합니다.

오늘날 교회 안에도 이와 같은 현상이 일어납니다. 어떤 사람은 은혜가 넘치는데 어떤 사람들은 냉소적입니다. 어떤 사람들은 축제에 다함께 참여하는데 어떤 사람은 혼자서 팔짱을 끼고 구경하고 있습니다. 여러분은 어느 쪽입니까?

참으로 우리 교회 안에는 이런 사람들이 없는지 모르겠습니다. 지위나 배경이 뛰어난 사람은 좋아하면서 하나님 앞에서 어린아이 같고 겸손한 사람은 우습게 여기는 사람들이 없는지 모르겠습니다.

성령으로 자유하는 신앙이 아니라 인간적인 체면 때문

에 억누르는 신앙을 가진 사람이 참 많습니다. 미갈과 같이 다른 사람을 향해 판단의 화살을 겨누는 사람이 참 많습니다.

성경을 보면 마리아가 옥합을 깨뜨려 주님께 향유를 부었을 때 가룟 유다도 그랬습니다.

"아까운 돈을 왜 허비하는가? 그 돈이면 가난한 이웃을 많이 도울 수 있을 텐데……."

가룟 유다의 말인즉 그럴 듯한 말입니다. 그러나 그 말은 독사의 혀 같은 말에 불과합니다.

내 영혼의 깊은 곳에서 우러나오는 이 영적인 기쁨을 누가 알 수가 있겠습니까? 영적인 생명이 없는 사람은 때로 하나님이 기뻐하시는 열심과 받으시는 열정을 광신으로 매도할 수도 있습니다. 자기 판단과 자기 이성으로 올바른 신앙을 정죄할 수도 있습니다.

사도 바울은 말합니다.

"육에 속한 사람은 하나님의 성령의 일들을 받지 아니하나니 이는 그것들이 그에게는 어리석게 보임이요, 또 그는 그것들을 알 수도 없나니 그러한 일은 영적으로 분별되기 때문이라"(고전 2:14).

미갈이 다윗을 흉본 이유는 무엇입니까? 율법적인 복음을 갖고 있기 때문입니다. 육에 속한 사람 미갈에게는 영적인 것이 보이지 않았습니다. 하나님의 법궤가 보이지 않았습니다.

다윗은 미갈에게 대답했습니다.

"내가 한 일은 여호와 앞에서 한 일이다. 내가 여호와 앞에서 뛰놀리라."

그렇습니다. 하나님께 한다는 이 중심이 우리에게 있어야 합니다. 오늘 예배를 드리는 이 일도 하나님께 하는 것입니다. 그러므로 우리는 기뻐해야 합니다.

사랑하는 금천의 성도 여러분, 여러분은 다윗입니까? 미갈입니까? 바라건대 한 분도 빠짐없이 21세기의 다윗이 되시기 바랍니다. 주 앞에서 영적인 기쁨을 마음껏 누리며 즐거워하시기를 바랍니다. 그 기쁨을 표현하고 자랑하시기를 바랍니다. 세상 걱정과 염려로 찌들었던 얼굴을 활짝 펴시기를 바랍니다. 예배를 사모하시고 예배 때마다 기쁨이 넘치시기를 바랍니다.

어떤 부잣집 노인이 말을 타고 행차하다가 앞에서 초

라해 보이는 사람이 기뻐 춤을 추는 것을 보았습니다.

"나는 부귀영화를 다 누려도 춤출 일이 없는데 저 거지는 도대체 뭐가 좋아서 저렇게 즐겁게 춤을 추고 있는가?"

부자 노인이 춤을 추는 이유를 물어 보자 그가 대답했습니다.

"내가 기뻐서 춤을 추는 이유는 세 가지입니다. 첫째, 하나님이 나를 만물 중에 가장 귀한 사람으로 지어주신 걸 생각할 때에 기쁩니다. 둘째, 나는 비록 다리를 절고 있지만 다른 데는 건강하기 때문에 기쁩니다. 셋째, 죽게 되면 하나님 품 안에 있을 것을 생각하니 너무 기뻐 춤을 춥니다."

사랑하는 금천의 성도 여러분! 저와 여러분은 아마도 그 사람보다 기쁨의 이유가 백배, 천배, 만배는 더 많을 것입니다. 오늘 본문의 다윗처럼, 예수님으로 인한 영적 기쁨 때문에 삶 가운데서 늘 춤추는 여러분이 되시기를 축복합니다.

결단하는 믿음이 춤추게 합니다

느부갓네살 왕이 노하고 분하여 사드락과 메삭과 아벳느고를 끌어오라 말하매 드디어 그 사람들을 왕의 앞으로 끌어온지라 느부갓네살이 그들에게 물어 이르되 사드락, 메삭, 아벳느고야 너희가 내 신을 섬기지 아니하며 내가 세운 금 신상에게 절하지 아니한다 하니 사실이냐 이제라도 너희가 준비하였다가 나팔과 피리와 수금과 삼현금과 양금과 생황과 및 모든 악기 소리를 들을 때 내가 만든 신상 앞에 엎드려 절하면 좋거니와 너희가 만일 절하지 아니하면 즉시 너희를 맹렬히 타는 풀무불 가운데에 던져 넣을 것이니 능히 너희를 내 손에서 건져낼 신이 누구이겠느냐 하니 사드락과 메삭과 아벳느고가 왕에게 대답하여 이르되 느부갓네살이여 우리가 이 일에 대하여 왕에게 대답할 필요가 없나이다 왕이여 우리가 섬기는 하나님이 계시다면 우리를 맹렬히 타는 풀무불 가운데에서 능히 건져내시겠고 왕의 손에서도 건져내시리이다 그렇게 하지 아니하실지라도 왕이여 우리가 왕의 신들을 섬기지도 아니하고 왕이 세우신 금 신상에게 절하지도 아니할 줄을 아옵소서 _ (단 3:13~18)

❦ 어떤 교회에서 불상사가 생겼습니다. 열린 예배를 드리는 청년들이 예배 중에 나와서 워십 댄스를 했습니다. 강단에 올라와서 춤을 추며 하나님을 경배하고 영광 돌리는 그 순서를 진행하게 되었습니다. 그것을 본 노

인 장로님이 불같이 화를 내시면서 강대상으로 뛰어올라왔습니다. 그리고 춤추는 청년들을 마귀새끼라고 하면서 몽둥이로 내어 쫓는 바람에 예배가 그만 난장판이 되고 말았습니다.

 장로님은 왜 그렇게 하셨을까요? 춤에 대한 잘못된 편견 때문입니다. '춤' 하면 무조건 제비족이나 바람난 여자들이 하는 속되고 불길한 것으로 오해했기 때문입니다. 물론 춤 때문에 잘못되는 경우도 많이 있지만 다 그런 것은 아닙니다. 그러므로 분별할 줄 알아야 합니다.

 춤 그 자체에 문제가 있는 것은 결코 아닙니다. 그 춤과 노래의 내용과 목적이 문제입니다. 그 춤과 노래 속에 하나님을 향해서 경배와 영광을 돌리는 그런 내용이 들었다면 그것은 지극히 거룩하고 아름다운 것입니다. 예배순서에 찬송이 있듯이 워십 댄스가 있다고 해서 조금도 잘못될 것이 없습니다.

 여러분, 성경을 보십시오. 하나님의 기적으로 이스라엘 백성들이 홍해를 건넜습니다. 그때 이스라엘 백성들이 모세와 함께 북을 치고 춤을 추며 하나님을 찬양했습니다. 모세의 누이 미리암 같은 여인들이 모여서 무용단을 만들어 소고 치며 춤을 추며 하나님을 찬양했습니다. 이것을 성경은 이렇게 말합니다.

"아론의 누이 선지자 미리암이 손에 소고를 잡으매 모든 여인도 그를 따라 나오며 소고를 잡고 춤추니 미리암이 그들에게 화답하여 이르되 너희는 여호와를 찬송하라 그는 높고 영화로우심이요 말과 그 탄 자를 바다에 던지셨음이로다 하였더라"(출 15:20~21).

기쁨과 은혜가 있을 때에 춤을 추는 것은 너무나 당연한 것입니다.

본문을 보십시오. 하나님께서도 사드락과 메삭과 아벳느고와 함께 불길을 걸으며 춤을 추셨습니다. 우리도 이 풀무불 같은 세상 속에서 하나님이 춤추게 하시는 우리 인생길이 된다면 얼마나 감사하고 은혜로운 인생이 되겠습니까? 어쩌면 세상에서 이보다 더 귀하고 복된 인생은 없을 것입니다.

춤에 대한 이해가 필요합니다. 춤은 적어도 세 가지의 의미가 있습니다.

첫째, 기쁨과 행복을 함께한다는 뜻입니다. 춤이란 기

쁨과 행복이 있을 때 추는 것입니다. 슬프고 불행한 사람은 춤출 이유가 없습니다. 함께 춤을 춘다는 것은 기쁨과 행복을 함께 나눈다는 뜻입니다.

둘째, 사랑을 함께 나눈다는 뜻입니다. 사랑하는 관계가 아닌데 춤출 수 있습니까? 미워하고 저주하는 사람들끼리 춤출 수 있나요? 함께 춤춘다는 것은 서로 사랑한다는 것을 전제로 합니다.

셋째, 마음을 같이한다는 뜻입니다. 진정한 춤은 하나의 마음에서 나오는 것이 틀림없습니다.

그러므로 춤추는 신앙은 하나님과 함께 기쁨과 행복을 나누는 것입니다. 하나님의 기쁨이 내 기쁨이 되고, 하나님의 행복이 내 행복이 되기에 춤추는 것입니다. 그리고 하나님과 마음을 같이하는 인생입니다. 하나님의 마음이 곧 나의 마음이고 하나님의 뜻이 곧 내 뜻이라는 것이 춤추는 믿음입니다. 이 얼마나 복되고 아름다운 인생입니까? 진실로 천사도 흠모할 인생이 아닐 수 없습니다.

본문의 사드락, 메삭, 아벳느고의 인생이 바로 이런 인생입니다. 만약에 이런 인생이라면 풀무불 속이나 지옥이면 어떻겠습니까? 바로 하나님의 은혜로 춤추며 사는 그곳이 행복의 현주소이며 천국이 아니겠습니까?

사드락과 메삭과 아벳느고는 풀무불 속에서만 춤추는 인생이 아니었습니다. 그들은 모든 삶의 자리에서 춤을 추었습니다. 하나님과 함께 기쁨과 행복을 나누었습니다. 이 믿음이 그들을 춤추게 하는 이유였습니다.

그러면 하나님께서 춤추게 하시는 믿음은 과연 무엇일까요?

1. 절대적으로 타협하지 않는 믿음이었습니다.

성경을 보면 느부갓네살 왕이 사드락과 메삭과 아벳느고에게 타협을 요청합니다. 그들의 신앙을 양보할 것을 설득합니다.

"너희가 이제라도 내 신상에게 절하라. 그러면 내가 너희의 과거를 묻지 아니하리라. 그러나 만일 절하지 아니하면 내가 너희를 용서하지 아니하리라. 극렬히 타는 풀무불 속에 넣으리라. 그러므로 너희는 선택하라."

우상에게 절하는 것을 선택하든지 아니면 죽음을 선택하든지 하라는 것입니다.

이때 그들의 대답은 너무도 분명합니다.

"사드락과 메삭과 아벳느고가 왕에게 대답하여 이르되 느부갓네살이여 우리가 이 일에 대하여 왕에게 대답할 필요가 없나이다"(16절).

이 말은 선택할 여지가 없다는 것입니다. 이미 선택했다는 것입니다. 목숨을 버리고 신앙의 순결을 지킬 것을 선택했다는 것입니다. 그들이야말로 모든 면에서 절대 신앙의 사람이었습니다.

그들은 뜻을 정해서 왕의 진미와 포도주로 자기를 더럽히지 않기 위해서 이미 생사를 걸었습니다. 이것을 성경은 이렇게 말씀합니다.

"다니엘은 뜻을 정하여 왕의 음식과 그가 마시는 포도주로 자기를 더럽히지 아니하리라 하고 자기를 더럽히지 아니하도록 환관장에게 구하니 하나님이 다니엘로 하여금 환관장에게 은혜와 긍휼을 얻게 하신지라"(단 1:8~9).

이 말이 무엇입니까? 그들이 바벨론 왕실에서 생활할 때에 끼니 때마다 왕이 먹고 마시는 음식과 포도주가 나옵니다. 이 음식들은 이미 미신에게 제사를 드리고 나온 음식이었습니다. 그래서 그들은 그것들로 자기를 더럽히지 않기 위해서 그 모든 음식과 포도주를 거절하고 채

소만 먹었습니다.

이들은 몸과 마음과 영혼이 순결했습니다. 그리고 그들의 순결을 보신 하나님께서 그들의 인생을 춤추게 하셨습니다. 하나님의 은총을 크게 받은 사람들로 만든 것입니다.

한 시대의 위대한 역사를 만든 사람들은 다른 사람과는 다른 결단이 있었습니다. 록펠러는 세계 최고의 부자로 미국의 부통령과 주지사, 그리고 유명한 스탠더드 석유회사를 세운 인물입니다. 76세의 록펠러에게 기자가 물었습니다.

"당신이 세계 최고 부자로 성공하게 된 비결이 무엇입니까?"

록펠러는 어머니로부터 세 가지 신앙의 유산을 받은 것이 성공의 비결이라고 말했습니다.

첫 번째 신앙 유산은 십일조 생활입니다. 어머니는 20센트씩 받은 용돈에서도 정직하게 십일조를 하도록 가르쳤습니다. 록펠러는 회사를 운영하면서도 정직하게 십일조를 드렸고, 회사의 십일조를 계산하기 위해 별도의 십일조 전담 부서를 둘 정도였습니다.

두 번째 신앙 유산은 교회에 가면 맨 앞자리에 앉아 예배를 드리는 것이었습니다. 록펠러의 어머니는 아들의 손을 잡고 언제나 40분 정도 일찍 교회에 나와 맨 앞자리에 앉아서 예배를 드리곤 했습니다.

세 번째 신앙 유산은 교회를 다닐 때 교회의 일에 순종하고 목사님의 마음을 아프게 하지 말라는 가르침이었습니다. 록펠러는 98년을 살면서 자신이 번 돈으로 록펠러 재단을 세워 많은 사회사업과 선한 일을 하기에 힘썼고 24개 대학과 4,928개의 교회를 지어 헌납했습니다. 이런 신앙의 결심이 있었기 때문에 하나님은 그들을 사용하셨고, 모든 인생 위에 위대한 하나님의 종으로 살게 하셨습니다.

우리는 거룩하신 하나님과 함께 살기 위해서 우리의 몸과 마음과 영혼을 거룩하게 해야 합니다. 우리는 성도입니다. 성도란 "거룩하게 구별되는 무리"라는 뜻입니다. 다시 말해서 "순결한 사람"이라는 뜻입니다. 그러므로 우리는 불신자들처럼 아무렇게나 마구잡이로 살 수가 없습니다. 신자와 불신자가 구별되는 가장 중요한 것은 순결입니다. 그것이 하나님과 사람 앞에서 인정받고 신뢰받는 길입니다.

그런데 과연 오늘 우리는 성도답게 살고 있는지 생각해 보아야 합니다. 만약에 세상 사람들이 우리를 향해서 예수 믿는 사람들이 왜 저리 지저분하냐고 한다면 오늘 우리는 생각해 볼 것이 많이 있습니다.

일찍이 사도 바울은 "말세에 고통하는 때가 이르러 사람들이 자기를 사랑하며 돈을 사랑하며……거룩하지 아니하며……경건의 모양은 있으나 경건의 능력은 부인하니 이같은 자들에게서 네가 돌아서라"(딤후 3:1~5)고 하였습니다. 우리를 향하신 하나님의 간절한 당부입니다.

본문의 사드락과 메삭과 아벳느고의 이 아름다운 신앙 태도를 본받으라고 하십니다. 우상에게 절하지 않는 영적 순결의 사람, 불의와 타협하지 않는 마음과 생활에 순결한 사람, 음란과 방탕에 빠지지 않는 순결의 사람들이 되기를 촉구하십니다. 이런 사람들에게 하나님은 풀무 불 속 같은 환경에서도 춤추게 하십니다.

모든 일에 절대적으로 믿음이 아닌 것과는 타협하지 않는 신앙으로 살아가시기를 바랍니다. 그래서 우리 주님이 여러분을 춤추게 하시는 은혜가 있기를 축복합니다.

2. 하나님의 전능하심을 믿는 믿음이었습니다.

본문 17절을 주목해야 합니다.
"왕이여 우리가 섬기는 하나님이 계시다면 우리를 맹렬히 타는 풀무불 가운데에서 능히 건져 내시겠고 왕의 손에서도 건져 내시리이다."

이 말은 "당신이 우리를 저 풀무불 속에 던져 넣는다면 당신보다 더 높고 위대하신 우리 하나님께서 능히 거기서 건져내실 것입니다"라는 말입니다.

아무리 평일보다 7배나 더 뜨거운 풀무불일지라도 그러나 하나님이 하신다면 능히 구원하실 수 있다는 믿음입니다.

그들은 하나님을 믿되 99%만 믿는 것이 아닙니다. 100% 하나님을 믿는 절대 신앙이었습니다. 하나님은 전능하셔서 무에서 유를 창조하시고, 어둠 속에서 빛을 비추시며, 절망 속에서도 희망을 창조하시는 하나님을 그들은 믿었습니다. 최악의 위기를 최상의 축복으로 만드시는 하나님을 믿었습니다.

  최악의 상황을 최상의 상황으로 바꾸시는 이 확신있는 믿음이 그들에게 있었습니다. 참으로 복을 받아 춤을 출 수 있는 믿음입니다.

  철학자 키에르케고르는 자신의 소년시절의 기억을 떠올리며 이렇게 말하였습니다. 한번은 아버지와 함께 수영장에 갔습니다. 그는 두 팔을 힘차게 내저으며 "아빠, 날 봐요! 날 봐요" 하고 외쳤습니다. 그러나 사실은 한 발을 수영장 바닥에 붙이고 물에 떠 있는 척 아버지에게 보였던 것입니다.

  이 이야기를 하며 키에르케고르는 "나는 하나님을 믿는다, 나는 믿음이 있다고 말하지만 한 발로 땅을 짚고 물에 떠 있는 척하는 것이 아니냐?"라고 우리에게 묻습니다.

  이런 믿음은 죄의 유혹이 있을 때, 경제 불황으로 살림이 어려울 때, 나에게 희생이 요구될 때에는 어떻게 될지 장담할 수 없는 믿음입니다. 진정한 믿음은 하나님의 살아계심을 믿고 나의 믿음이 어떤 어려움에도 흔들리지 않는 믿음입니다.

어떤 한 소설가가 여객선을 타고 여행을 즐기고 있었습니다. 갑자기 바다 한가운데서 풍랑이 일어나기 시작했습니다. 무섭게 바람이 몰아쳐 옵니다. 배가 좌우로 흔들립니다. 모두 다 죽었다고 야단들입니다. 가만히 앉아 있을 수가 없어 갑판위로 뛰어올라가 두려움에 떨고 있었습니다. 그런데 어린아이 하나가 아무 일도 없다는 듯이 재미있게 깡충깡충 뛰어 놀며 갑판을 오가는 것입니다. 아이의 손을 꼭 붙들고 "얘야, 너는 무섭지 않니! 얘야, 너는 저 풍랑이 무섭지 않니?" 하고 물었습니다. 그러자 아이가 대답하였습니다.

"아저씨, 제가 지금 선장실에서 나오는 길이에요. 우리 아빠가 선장이에요. 그런데 우리 아빠의 얼굴을 보니 평안했어요! 아무 일 없을 거예요, 아저씨."

그렇습니다. 하나님은 전능하십니다. 그분이 나의 아버지가 되시는 하나님입니다. 그 하나님을 바라보시기 바랍니다. 마치 "괴로울 때 주님의 얼굴 보라"는 찬송처럼 말입니다. 우리 아버지 하나님은 우주의 주인이십니다. 그분이 지금도 우리를 지키고 계십니다.

이런 믿음을 소유한 그들이기에 다른 사람들은 다 타죽어도 사드락과 메삭과 아벳느고만은 그 불길 속에서도 춤추게 하셨습니다. 불 가운데서 구원받는 기적을 체험하게 하신 것입니다. 하나님을 믿되 정말 전능하신 분으로 믿는 은혜가 있기를 축복합니다.

3. 오직 하나님만 바라보는 믿음이었습니다.

본문에서 사드락과 메삭과 아벳느고는 이렇게 말합니다.
"그렇게 하지 아니하실지라도 왕이여 우리가 왕의 신들을 섬기지도 아니하고 왕이 세우신 금신상에게 절하지도 아니할 줄을 아옵소서."
"그렇게 하지 아니하실지라도" 이 말씀이 참으로 중요합니다. 이 믿음이 참신앙의 꽃이요 열매이며, 절정이요 완성입니다. 설령 하나님께서 우리를 이 풀무불 속에서 건져주지 아니하실지라도, 우리가 이 풀무불 속에서 새까맣게 탄 한 줌의 숯 덩어리가 될지라도 왕의 신들과 신상에게 결코 절할 수 없습니다, 하는 신앙고백입니다.

하나님을 믿는 일에 그 어떠한 이유도 조건도 없습니다. 그 어떤 목적도 수단도 없습니다. 우리 하나님은 참 하나님이시기에 무조건 믿고 따르는 신앙입니다. 절대적으로 사랑하고 섬기는 신앙입니다. 그 어떤 상황 속에서도 믿음을 포기하지 않는 전천후의 신앙이어야 합니다.

무엇이 잘되고 형통하다고 해서 하나님을 따르는 것이 아닙니다. 내 뜻이 이루어지고 소원이 성취되었다고 해서 하나님을 사랑하는 것도 아닙니다. 그런 것은 어린이의 믿음입니다. 하나님은 하나님이시기에 무조건 믿고 따라야 합니다. 무조건 사랑하고 섬겨야 합니다.

하나님의 말씀은 진리이기에 생사를 걸고 지키고 순종해야 합니다. 거기에 이유가 없습니다. 조건이 없습니다. 마치 나를 낳아주신 부모님이 잘 배우고 지위가 높아서 공경하는 것이 아닌 것처럼 말입니다. 나를 낳으신 부모님이기에 공경하고 따르는 것입니다.

이런 믿음 위에 하나님께서 춤추게 하시는 은총이 있는 것입니다. 그리고 이 믿음 속에 하나님의 놀라운 역사가 일어나게 되어 있습니다.

하나님을 향한 믿음 앞에서 단 한 발자국도 물러설 줄 모르는 절대 신앙이어야 합니다. 하나님 한 분 외에는 그 무엇도 두려워할 것이 없는 절대적인 신앙이어야 합니다. 믿음을 지키고 진리를 따르기 위해서는 목숨조차도 흔쾌히 버릴 수 있는 이 순교의 신앙이 진짜 믿음입니다.

수많은 관광객이 나이아가라 폭포를 구경하고 있었습니다. 사람들은 폭포가 이루어 내는 장엄한 풍경을 바라보며 탄성을 질렀습니다.

"야! 누가 저 거대한 폭포를 창조했을까? 만약 저 폭포의 주인이 있다면 굉장할 거야."

모두가 감탄하고 있을 때 누군가가 말했습니다.

"여러분! 저 폭포는 제 아버지의 것입니다."

관광객들은 모두 부러운 눈으로 청년을 바라보았습니다. 한 노인이 청년에게 물었습니다.

"자네 아버지가 누구신가?"

"제 아버지는 바로 하나님입니다. 천지를 창조하신 분이지요."

관광객들은 청년의 믿음과 위트에 감동을 느꼈습니다.

이 청년의 이름은 세계적인 부흥사가 된 로버트 슐러입니다. 이 얼마나 당당한 믿음입니까? 이런 위대한 믿음이 그를 세계적인 전도자로 만들었습니다. 천지를 지으신 어마어마한 분을 아버지로 모시고 있는 믿음을 가진 사람이 과연 무엇이 부러울 수가 있겠습니까?

한가하고 기분 내키면 교회에 걸어 나오는 것이 믿음

입니까? 좋은 일이 있고 형통한 일이 있을 때만 하나님을 찾는 것이 믿음입니까? 그렇다고 어려운 일이 있고 위기를 만날 때만 "주여, 주여" 하고 기도하는 것이 믿음입니까?

믿음이란 이렇게 간사하고 값싼 것이 아닙니다. 믿음은 그 무엇보다도 소중한 것입니다. 믿음은 그 무엇과도 바꿀 수 없는 것입니다. 믿음은 절대 물러설 수 없는 것입니다. 환난과 위험과 죽음 앞에서도 양보할 수가 없습니다. 믿음은 결코 상대적인 것이 아니라 절대적인 것입니다.

오직 하나님 한 분만이 절대자이신 것처럼 그분에 대한 믿음만은 절대적이어야 합니다. 내 목숨과 내 생애 전부를 걸고 믿어야 할 바로 절대 가치가 있는 분이 하나님이십니다. 그리고 오직 이 믿음이 풀무불 속에서도 춤추게 하는 참믿음입니다. 이 믿음이 풀무불 앞에서도 두려워하지 않는 담대한 믿음, 능력 있는 믿음입니다. 이 믿음이 풀무불 속에서도 타지 않는 기적을 창조하는 믿음입니다.

우리 금천의 성도들이 지녀야 할 위대한 믿음이 무엇

입니까? 춤추게 하는 믿음이어야 합니다. 이 믿음의 소유자들이 다 되시기를 바랍니다. 우리에게 이 믿음이 있는 한 다가오는 시간도 역사도 우리의 것입니다. 틀림없이 금천인들은 일당백 일당천을 할 수 있는 천하무적의 하나님의 용사들이 될 줄로 믿습니다.

금천의 성도들이여, 춤추게 하는 은혜를 입은 믿음의 주인공들이 되어서 새로 오는 한 해를 축복으로 만들 수 있기를 축복합니다.

제2부

승리하는 사람

행동하는 사람입니다

무슨 일을 하든지 마음을 다하여 주께 하듯 하고 사람에게 하듯 하지 말라 이는 기업의 상을 주께 받을 줄 아나니 너희는 주 그리스도를 섬기느니라 불의를 행하는 자는 불의의 보응을 받으리니 주는 사람을 외모로 취하심이 없느니라 _ (골 3:23~25)

여러 병사들이 커다란 통나무를 낑낑대며 움직이고 있었습니다. 그런데 상사 한 명은 그 옆에 서서 고함만 지르고 있었습니다. 이때 말을 타고 가던 한 신사가 물었습니다.

"상사님! 왜 당신은 함께 통나무를 운반하지 않습니

까?"

이 물음에 상사는 "나는 이 병사들을 감독하는 상사니까요"라고 대답했습니다. 신사는 말없이 말에서 내리더니 웃옷을 벗고 사병들과 함께 열심히 통나무를 나르기 시작했습니다. 일이 끝나자 신사는 서둘러 가던 길을 가면서 이렇게 말했습니다.

"상사 앞으로 통나무를 나를 일이 있으면 총사령관을 부르게!"

병사들은 그제야 자기들과 함께 통나무를 나른 신사가 미군의 총사령관 워싱턴 장군임을 알았습니다. 미국의 초대 대통령 조지 워싱턴의 이야기입니다.

이 이야기가 주는 의미가 무엇입니까? 행동하는 리더의 모습을 잘 보여주고 있습니다.

많은 사람들이 실패에 빠지는 가장 큰 이유는 한 가지입니다. 행동하지 않기 때문입니다. 마음만 굴뚝 같고 그것을 실행할 몸은 전혀 움직이지 않기 때문입니다. 옛 속담에 "구슬이 서 말이어도 꿰어야 보배"라고 했습니다. 행동하지 않는 전략이나 아이디어는 한갓 공염불에 지나지 않는 것입니다.

여러분이 정말 승리하는 사람이 되기를 원하십니까? 행동으로 보여주는 사람이 되어야 합니다. 움직이는 사람이 되어야 합니다.

프랑스의 시인이자 신학자인 알랭이란 사람은 이런 말을 했습니다.

"다리를 움직이지 않고는 아무리 좁은 도랑도 건널 수 없다."

그렇습니다. 가만히 앉아서는 승리하는 사람의 근처에도 갈 수가 없는 것입니다.

닛산 자동차의 사장인 카를로스 곤이라는 사람은 이런 말을 했습니다.

"실행이 곧 전부다. 이것이 나의 지론이다. 아이디어가 전체 업무에서 차지하는 비중은 5%에 불과하다. 아이디어의 좋고 나쁨은 어떻게 실행하느냐에 따라 결정된다고 해도 과언이 아니다."

그렇습니다. 아무리 좋은 아이디어라 해도 행동으로 옮기지 않는 한 그 아이디어는 죽은 것이나 마찬가지입니다. 행동으로 옮기는 것이 승리하는 비결입니다. 생각만 하지 말고 행동으로 옮기는 용기가 있기를 축복합니다.

그러면 어떤 행동을 해야 할까요? 본문은 말합니다.
"무슨 일을 하든지 마음을 다하여 주께 하듯 하고 사람에게 하듯 하지 말라"(23절).

사람의 눈치만 보는 사람에게는 미래가 없습니다. 사람의 눈치만 보는 사람이 무슨 일을 하든지 열심을 다하여 하겠습니까? 그를 바라보는 사람이 없어지면 일을 멈출 수밖에 없습니다. 언제나 모든 일을 열심히 하는 척만 하는 사람에게 어찌 미래가 있을 수 있겠습니까? 그래서 오늘 본문은 분명하게 "무슨 일을 하든지 주께 하듯 하라"고 말씀합니다.

그러면 주께 하는 것처럼 하는 사람은 어떤 사람입니까?

1. 최선을 다하는 사람입니다.

어느 몹시 추운 겨울날 새벽에 골목 한 쪽에서 이상한 소리가 들려왔습니다. 마침 새벽기도회를 마치고 돌아가던 목사님이 가던 길을 멈추고 소리가 나는 그 쪽으로 발길을 돌려 가보았습니다. 그것은 공중화장실 안에서 나는 소리였습니다. 어두컴컴한 화장실 안에서 누군가가 도끼로 화장실 바닥을 딱딱 치고 있었습니다.

"누구시오?"

목사님이 묻는 말에 그는 고개도 돌리지 않고 계속 열심히 바닥을 치면서 대답했습니다.

"화장실 청소를 하는 중입니다."

"그런데 왜 도끼로 화장실 바닥을 치는 것이오?"

"대변이 바닥에 얼어붙었으니 다른 사람이 뒤를 볼 때 불편할 것 같아서요."

목사님은 매우 감사하여 그 사람 바지 뒷주머니에 동전 몇 개를 넣어주었습니다. 그러자 그 사람은 청소를 마친 후 교회로 가서 그 돈을 헌금했습니다. 그가 바로 도산 안창호 선생입니다.

미래가 있는 사람, 승리하는 사람은 그 일이 어떤 일이든지 최선을 다하는 사람입니다. 마음 중심이 사람에게 하는 것이 아니라 하나님께 하듯 하기 때문입니다. 분명히 최선을 다하는 사람에게는 승리라는 축복이 함께하는 것입니다. 여러분도 모든 일에 최선을 다하여 승리의 주인공이 되시기를 축복합니다.

 2. 사람의 눈을 의식하지 않는 사람입니다.

 사람의 눈을 의식하는 사람은 사람의 눈치를 살피게 됩니다. 그래서 사람이 볼 때에는 잘하는 것처럼 하다가 사람이 없을 때에는 일을 제대로 하지 않습니다. 이런 사람에게는 미래가 없습니다.

 성경에 포도원 이야기가 나옵니다. 아침 9시에 불러서 일을 한 사람이나 12시, 3시 그리고 마지막 5시에 부름을 받아 일한 사람에게 주인이 똑같이 1데나리온씩 주었습니다. 그러자 아침에 온 사람들이 불평을 했습니다. 왜 똑같이 돈을 주느냐 는 것입니다. 물론 주인은 약속대로 주었는데 말입니다.
 그러나 우리가 알아야 할 것은 5시에 일하러 간 사람은 하루종일 서성거리다가 부름을 받아서 일을 할 수 있게 된 것이 너무나 감사하여 남은 한 시간을 사람 눈치 안 보고 양심껏 최선을 다하여 일했습니다. 주인이 볼 때에는 한 시간 일을 했지만 하루종일 일한 사람만큼 돈을 주어도 아까울 것이 없을 정도로 열심히 했기 때문에 한 데나리온을 준 것입니다.

만약에 다음날 다시 일꾼을 부른다면 누구를 부르겠습니까? 5시에 일한 사람일 것입니다. 최선을 다하여 사람에게 하듯 하지 않고 주께 한 것처럼 일한 사람에게는 내일이라고 하는 시간이 보장됩니다. 그러므로 모든 일에 눈 가리고 아웅하듯이 하는 사람이 아니라 주께 하듯이 최선을 다하는 사람이어야 승리라고 하는 축복의 은혜가 있게 됩니다.

늦가을에 가장 분주한 동물은 다람쥐입니다. 다람쥐는 겨우살이를 위해 땅에 구멍을 파고 구멍 하나에 도토리 1개를 저장합니다. 커다랗게 구멍을 파서 수십 개의 도토리를 묻어두는 법이 없습니다. 그것은 먹이를 한꺼번에 도난당하는 것을 막기 위해서입니다.

다람쥐는 앞발로 땅에 구멍을 파고 거기에 도토리를 집어넣습니다. 그리고 흙으로 덮고 나뭇잎을 뿌려 위장을 합니다. 다람쥐 한 마리가 마련하는 구멍은 한 해 평균 2,000개나 된다고 합니다. 다람쥐는 이렇게 월동식량을 마련해놓고 즐겁게 겨울을 맞는 것입니다.

인생도 마찬가지입니다. 인생의 겨울을 부지런히 준비한 사람은 걱정이 없습니다. 하나님은 산속에 아름드리 나무를 무진장 준비해 두셨지만 그것으로 아름다운 가구를 만들어 주지는 않습니다. 하나님은 땅 속에 양질의 대리석을 묻어 놓으셨지만 그것으로 궁전을 지어 주지는 않습니다. 하나님은 아무 노력도 하지 않는 사람에겐 아무것도 주시지 않습니다.

페달 밟기를 멈추어 보십시오. 자전거는 곧 쓰러지고 말 것입니다. 인간을 쓰러뜨리는 두 가지 무기는 '게으름과 불평'입니다.
모든 일을 사람에게 하듯 하는 것이 아니라 우리 주님께 하는 것처럼 최선을 다할 때에 승리하는 사람, 축복의 사람이 되는 것입니다. 그런 은혜가 여러분에게 있어서 모든 일에 승리하시기를 축복합니다.

3. 십자가를 지는 심정으로 행하는 사람입니다.

십자가는 다른 사람이 질 때를 기다리면 안 됩니다. 다른 사람이 지기 전에 내가 져야 합니다. 성경에 "예수께서 제자들에게 이르시되 누구든지 나를 따라오려거든 자기를 부인하고 자기 십자가를 지고 나를 따를 것이니라"(마 16:24) 하십니다. 인류의 구속을 위하여 하나님께서 허락하신 십자가를 남에게 미루지 않고 주님이 직접 지셨습니다.

구레네 사람 시몬은 예수님이 십자가를 지고 골고다 언덕길을 향하여 가실 때에 뒤따라가면서 구경을 하다가 억지로 지워주는 십자가를 예수님 대신 지고 골고다에 갔습니다. 얼마의 거리, 얼마의 시간 동안 졌는지 자세한 기록은 없으나 그의 이 행함은 인류 역사상 길이길이 빛나고 있습니다.

저는 십자가가 주님을 위하고, 하나님을 위하고, 교회를 위한 희생과 충성과 봉사라는 것을 말씀드리고 싶습니다. 이런 십자가를 다른 사람이 질 때를 기다리면 안 됩니다. 내가 먼저 해야 합니다. 이런 것은 바로 신앙의 열매요 행함의 믿음입니다. 축복의 열매가 됩니다.

사실 십자가를 지는 것은 말처럼 그리 쉬운 것만은 아닙니다. 성자 선다싱은 말하기를 "십자가는 호두와 같다. 껍질은 단단하지만 깨뜨리면 속에는 맛있는 열매가 들어 있듯이 십자가의 고통은 단단하고 괴롭고 슬프고 고통스럽고 외로워도 그 과정이 지나가면 참으로 값진 보화가 있다"라고 하였습니다.

아리마대 사람 요셉은 예수님이 십자가상에서 운명하시자 대제사장들에게 가서 당돌하게 예수님의 시신을 달라고 하여 자기를 위하여 새로 판 무덤에 장사를 지냈습니다. 감히 아무도 하지 못하는 일을 하였습니다.

참으로 훌륭한 신앙입니다. 남들이 하지 못하고, 남들이 안 하는 일을 하는 것도 십자가를 지는 것입니다.

그러면 십자가를 어떤 정신으로 져야 하겠습니까?

첫째, 십자가는 눈물로 져야 합니다.
저는 가끔씩 이런 기도를 합니다.

"하나님! 하나님의 아들 예수님도 십자가를 질 때 넘어지고 쓰러지면서 지고 가셨는데 이 부족하고 연약한 종이 어찌 십자가를 웃으면서 지고 갈 수가 있겠습니까?"

그렇습니다. 십자가의 길은 눈물의 길입니다. 눈물 없이 지고 갈 수 없는 길입니다.

그래서 일제시대에 신사참배에 반대하다가 옥중에서 순교하신 주기철 목사님은 이런 찬송을 불렀습니다.

눈물 없이 못 가는 길 피 없이 못 가는 길
영문 밖의 좁은 길이 골고다의 길이라네
영생복락 얻으려면 이 길만은 걸어야 해
배고파도 올라가고 죽더라도 올라가세.

십자가의 고개턱이 제아무리 어려워도
주님 가신 길이오니 내가 어찌 못 가오랴
주님 제자 베드로는 거꾸로도 갔사오니
고생이라 못 가오며 죽음이라 못 가오리.

 십자가의 길은 분명 고난의 길이요 고통의 길이며 희생의 길입니다. 눈물로 가는 길입니다. 여러분이 정말 승리하는 삶을 살기를 원하십니까? 눈물과 같은 고난이 있어도 참고 걸어가는 사람에게 승리가 찾아오는 것입니다.

둘째, 십자가는 감사한 마음으로 져야 합니다.
 십자가를 진다는 것은 주님의 길에 동참하는 축복의 길입니다. 그러므로 감사한 마음으로 해야 합니다. 짜증과 불평과 원망이 있으면 안 됩니다. 언제 주님께서 십자가를 질 때에 원망과 불평을 하셨습니까?

성경에 "항상 기뻐하라 쉬지 말고 기도하라 범사에 감사하라"(살전 5:16~18)고 하셨습니다. 그리고 "아무것도 염려하지 말고 다만 모든 일에 기도와 간구로, 너희 구할 것을 감사함으로 하나님께 아뢰라"(빌 4:6)고 말씀하셨습니다. 언제나 승리하는 사람의 특징은 감사하고 즐겁고 기쁜 마음으로 모든 일을 하는 사람입니다.

셋째, 십자가는 기도로 져야 합니다.
예수님께서는 십자가의 쓴잔을 앞에 놓고 감람산으로 올라가셔서 제자들에게 "유혹에 빠지지 않게 기도하라"(눅 22:40)고 부탁하시고 예수님도 친히 엎드려 땀방울이 핏방울이 되도록 기도하셨습니다.

기도하지 않는 사람은 십자가를 질 수 없습니다. 기도하지 않는 사람이 교회에 충성하는 것 본 일이 있습니까? 그래도 새벽기도 나와서 기도하는 사람이 충성도 하고, 봉사도 하고, 감사도 하고, 온전한 십일조도 하고, 주일 성수도 하고, 전도도 하는 것입니다.

그래서 성경은 "너희 중에 고난 당하는 자가 있느냐 그는 기도할 것이요"(약 5:13)라고 말씀합니다. 기도는 능력을 받는 원동력이 됩니다. 기도는 만사를 변화시킵니다. 기도는 불가능한 것을 가능하게 만들어 줍니다. 하나님께 간절히 기도하여 하나님이 주시는 능력을 받아 자기의 십자가를 질 때에 승리하는 사람이 됩니다.

넷째, 십자가는 죽음을 각오하고 져야 합니다.
십자가는 죽음의 형틀입니다. 살 사람이 아니라 죽을 사람이 지는 것입니다. 예수님은 죄인의 모습으로 죄인 된 우리들을 위하여 십자가에서 죽으심으로 영생의 구원을 완성시켰습니다. 그러므로 십자가를 진다는 것은 죽음을 각오하는 것입니다.
성경은 말씀합니다.
"누구든지 자기 목숨을 구원하고자 하면 잃을 것이요 누구든지 나와 복음을 위하여 자기 목숨을 잃으면 구원하리라"(막 8:35).
십자가는 철저하게 자기를 죽이는 자라야 감당할 수 있습니다.

그러므로 십자가는 다른 사람이 아닌 바로 내가 눈물로써, 감사한 마음으로, 기도하면서, 죽음을 각오하고 질 때에 승리하는 사람이 될 수 있습니다.

 저는 우리 금천의 모든 성도들이 승리하시기를 기도합니다. 예수님이 십자가를 지신 것과 같은 동일한 마음으로 내가 처한 형편과 처지를 원망하지 않고 기도하면서 행동으로 옮기는 사람만이 주님이 주시는 승리의 주인공이 될 수 있습니다. 그런 은혜가 우리 금천인들에게 있기를 축복합니다.

 치들리가 친구 집 벽에 걸려 있는 큰 벽시계를 구경하고 있었습니다. 친구는 그에게 아주 자랑스럽게 그 시계에 대하여 설명을 하였습니다. 그 벽시계는 3대째 내려오는 보물이라고 말입니다. 조부께서 75년간이나 그 시계소리를 들으면서 주무시고 일어나셨으며 부친께서도 오랫동안 그 시계를 사용하셨다고 아주 자랑스럽게 말을 하였습니다. 그리고 너무나 정확해서 정말 믿을 만한 시계라고 강조했습니다.

 그런데 그 벽시계를 가만히 살펴보니 바늘이 빠지고 없었습니다. 태엽을 감아주니 똑딱거리는 소리는 나는데 바늘이 없어서 시간을 알리지 못했습니다. 그때 치들리는 이렇게 생각하고 있었습니다.

'금으로 만든 시계면 뭐하고 은으로 만든 시계인들 무슨 소용이 있을까? 바늘이 없어서 자신의 중요한 생명인 시간을 알릴 수 없는 시계인 것을……'

그렇습니다. 아무리 오래되어서 가보로 여기고 과거에 잘 맞는 정확한 시계라 할지라도 현재 몇 시인가를 알릴 수 없는 시계가 무슨 유익을 줄 수 있겠습니까?

우리의 신앙도 마찬가지입니다. 아집과 고집으로 똑딱거리기만 하면서 자신의 믿음을 보일 수 없는 행함이 없는 빈 껍데기 신앙이라면 주님이 주시는 유업의 상을 받을 수 없습니다.

자신의 신앙이 모태신앙으로 3대, 5대를 믿어 왔어도 행함이 없고 그리스도의 빛이 없다면 아무 유익함이 없는 죽은 믿음과 같은 것입니다.

야고보 사도는 죽은 믿음을 향하여 이렇게 책망하고 있습니다.

"내 형제들아 만일 사람이 믿음이 있노라 하고 행함이 없으면 무슨 유익이 있으리요"(약 2:14).

오늘도 내 안에 존재하고 계시는 예수 그리스도의 변

함없는 사랑으로 내게 주어진 시간과 삶을 통하여 그리스도의 빛과 소금이 될 수 있는 살아있는 신앙을 소망해야 합니다. 즉 행동이 함께하는 믿음이어야 합니다. 이렇게 행함으로 믿음생활을 하는 여러분에게 주님의 은혜가 가득하기를 진심으로 축복합니다.

열정이 있는 사람입니다

우리가 만일 미쳤어도 하나님을 위한 것이요 정신이 온전하여도 너희를 위한 것이니 그리스도의 사랑이 우리를 강권하시는도다 우리가 생각하건대 한 사람이 모든 사람을 대신하여 죽었은즉 모든 사람이 죽은 것이라 그가 모든 사람을 대신하여 죽으심은 살아 있는 자들로 하여금 다시는 그들 자신을 위하여 살지 않고 오직 그들을 대신하여 죽었다가 다시 살아나신 이를 위하여 살게 하려 함이라 _ (고후 5:13~15)

얼마 전 TV에서 이런 광고가 있었습니다.

"칭기스칸에게 열정이 없었다면 그는 평범한 양치기에 불과했을 것입니다."

저는 그 광고를 보면서 무릎을 치면서 감탄했습니다. 광활한 대륙을 포효하며 질주하던 칭기스칸의 모습이

돌연 양떼를 몰고 가는 양치기로 변하며 들려주는 이 말은 순간 폭소를 자아내면서도 듣는 이의 가슴을 쿡 찌르는 무엇인가를 우리에게 보여주고 있었습니다.

열정이 무엇입니까? 돈도 지식도 훈련된 기술도 경험도 따라잡을 수 없는 불가사의한 힘을 소유한 것이 열정입니다.
그래서 랄프 에머슨은 이렇게 말합니다.
"열정 없이 얻을 수 있는 위대한 것은 존재하지 않는다."
GE의 전 회장인 잭 웰치도 '리더가 갖추어야 할 덕목' 중 첫 번째로 열정을 꼽았습니다.

승리하는 사람에게 있어서 가장 중요한 것이 열정입니다. 승리하는 사람에게는 열정의 힘이 가장 큰 힘입니다. 아닌 게 아니라 잘되는 사람이나, 잘되는 회사나, 잘되는 교회를 가보면 분위기 자체가 다릅니다. 경쾌하고 잰 걸음으로 바쁘게 움직이는 그들은 당당한 자부심으로 어깨가 봉긋 솟아 있으며, 눈에서는 열정과 집념의 광채가 납니다.

누가 시켜서 하거나 또는 월급을 받기 때문에 일하는 것이 아니라 이 일은 나의 예술이며 나의 자부심이라고 하는 표정이 역력합니다. 그들은 자신이 하는 일에 신명이 나서 목표를 향하여 해야 한다는 자신감에 용기를 더하여 모든 일을 스스로 움직이는 사람들입니다. 그래서 "열정이란 꿈이 가리키고 있는 방향으로 열과 성을 다하여 노력하는 육체적, 정신적인 힘의 원천"입니다.

승리는 하나님의 사람들에게 하나님이 주시는 축복입니다. 이스라엘에게 가나안을 주신 것처럼 오늘 우리에게는 승리와 축복을 주셨습니다. 그것을 쟁취하는 가장 소중한 무기가 무엇입니까? 열정입니다. 그러므로 우리 금천의 사람들은 모든 일에 열정을 가지시기 바랍니다.

열정 없이 되는 일이 없습니다. 모든 열매는 열정의 결과입니다. 그러므로 짧게 살다 가는 우리의 인생을 낭비할 수는 없습니다. 있는 힘을 다하여 열정의 기름을 태울 때에 승리의 깃발을 세울 수 있는 것입니다.

열정을 가진 사람들의 특징이 있습니다.
1. 윗사람이 시키는 것만 하지 않고 그 이상을 하는 사

람입니다.

2. 나름대로 나만의 손끝 감각이 살아 있는 사람입니다. 프로 농구 선수들이 손끝의 볼 감각으로 골인을 감지하듯이, 초밥 달인이 손끝만으로 지금 손에 쥐고 있는 밥알의 개수를 맞히듯이 말입니다.

3. 언제나 새로운 것을 환영하는 사람입니다. 지금보다 더 나은 것이 있다는 것을 알고 더 나은 새로움을 향하여 배우는 사람입니다.

4. 내가 이 일의 주체라고 생각하며 일하는 사람입니다. 이런 사람은 문제가 주어지면 항상 주도적으로, 능동적으로 의사 결정을 합니다. 끝까지 물고 늘어져서 문제를 해결하는 사람입니다.

5. 끊임없이 노력과 연습을 통하여 자신의 비범함을 갖추어 가는 사람입니다.

6. 내가 지금 하고 있는 일에 인생을 거는 사람입니다.

7. 실패를 두려워하지 않는 사람입니다. 지금의 단계를 뛰어넘는 미래의 모습이 언제나 나 자신의 경쟁상대라고 생각하며 능동적으로 움직이는 사람입니다.

이런 사람이 열정을 가진 사람의 특징입니다. 나는 어

떤 특징을 가진 사람인가를 한 번 생각해 보시기 바랍니다.

우리는 이것을 잘 알아야 합니다. 미래는 강한 사람에게는 기회를 가져올 것입니다. 그러나 약자에게는 위협을 가져올 것입니다. 그러나 미래를 위하여 준비된 사람에게는 도전을 가져다줍니다.

그러므로 가만히 앉아서 구경만 해도 목표가 달성된다는 생각은 버려야 합니다. 땀과 열정 그리고 철저한 자신에 대한 헌신이 없는 한 승리하는 사람이 될 수 없습니다. 놀면서 즐거움을 찾는 사람에게는 미래가 없습니다. 가장 힘든 지금이야말로 미래를 안을 수 있는 절호의 기회입니다. 하나님은 자신에게는 호되고 남에게는 후한 사람에게 승리라는 축복을 안겨주십니다.

그렇습니다. 여러분이 정말 승리를 원하십니까? 그러면 자신의 일에 미친 사람만이 승리하는 사람이 되는 것입니다. 즉 열정이 식지 않는 사람이어야 승리할 수 있는 사람이 됩니다. 인생에 있어서 열정이 차지하는 비중이 그렇게 큰 것입니다. 모든 일을 열정적으로 하시기를 축복합니다.

오늘 본문을 보면 사도 바울이 고린도 교회에 편지를 하면서 "미쳤다"고 합니다. 이 미쳤다고 하는 말은 바로 열정적인 인생을 산다고 하는 말입니다.

  그렇습니다. 바울 사도는 인생 자체를 열정으로 살았습니다. 그런 인생을 사는 사람이 주님을 만나게 됩니다. 바울은 더욱더 열정적인 인생을 살고자 애썼고 결국 그는 매사에 무슨 일을 하든지 열정적으로 하는 사람이 되었습니다. 오늘 우리도 바울이 열정적으로 인생을 산 것처럼 살아야 합니다.

  그러면 어떤 것에 우리가 열정적이어야 할까요?

1. 모든 일을 열정적으로 해야 합니다.

  이 말은 인생 자체를 열정적으로 살아가라는 말입니다. 어느 사람을 보면 인생을 아주 게으르게 사는 사람이 있습니다. 아침에 일어나는 것도 늦게 일어납니다. 일하는 것도 게으릅니다. 매사에 열정이 없습니다. 삶에 대한 목표도 없습니다. 이런 사람은 미래의 희망이 없는 사람입니다.

  다른 사람은 인생을 사는 방법이 아주 빠른 걸음으로

걸어갑니다. 아니 열심히 달려갑니다. 그런데 거북이처럼 기어가면서 어떻게 승리하는 인생을 살 수가 있겠습니까? 승리하는 사람은 다른 사람들보다 더 열정적으로 뛰어가는 사람입니다. 다른 사람이 한 걸음을 가면 나는 반 걸음이라도 더 가려고 몸부림을 쳐야 승리하는 사람이 될 수 있습니다. 그것이 열정입니다.

여러분은 다른 사람으로부터 어떤 사람이라고 평을 듣습니까? 게으른 사람입니까, 아니면 부지런한 사람입니까? 또 자신이 자신을 생각해 보아야 합니다. 나는 열정적인 인생을 사는 사람인가, 아니면 게으른 인생을 사는 사람인가를 자신에게 물어 보아야 합니다.

만약에 게으른 사람이라면 삶의 태도를 열정적으로 바꾸어야 합니다. 그렇지 않으면 여러분의 미래는 없습니다.

일본에서 세일즈의 신이라고 불리는 하라 이치 헤이라는 사람이 있습니다. 그가 은퇴 후에 기자 회견을 가졌습니다. 한 기자가 영업을 잘하는 비결을 물었습니다. 그러자 그는 이렇게 대답했습니다.

"저는 그저 남보다 많이 걷고 뛰었을 뿐입니다."

그리고는 양말을 벗어 발톱이 뭉개지고 굳은살이 두껍게 붙은 발을 보여 주었습니다. 그는 덧붙여 하는 말이 "세일즈를 하고 있지 않을 때는 세일즈에 대한 이야기를 했습니다. 그리고 세일즈에 대한 이야기를 하고 있지 않을 때에는 세일즈에 대한 생각을 하고 있었습니다"라고 하였습니다.

이 사람은 세일즈에 미친 사람입니다. 그러다 보니 세일즈의 신이 될 수 있었습니다. 여러분도 여러분이 하는 일에 미친 사람처럼 덤비시기 바랍니다. 그럭저럭 시간만 때우는 사람에게는 미래가 없습니다.

성경에 "천국은 침노하는 사람의 것이다"라고 말씀하셨습니다. 이 말도 열정적인 사람에게 하나님의 나라가 주어진다는 말입니다. 그러므로 성도는 매사에 열정이 살아있어야 합니다. 하나님은 언제나 그런 사람의 편이 되어 주십니다. 그런 사람과 동행하십니다.

왜 하나님이 갈렙과 여호수아에게만 함께하셨습니까? 그들에게는 다른 사람들과는 다른 하나님의 말씀에 대한 열정이 있었기 때문입니다. 하나님은 열정 있는 사람들의 편이심을 기억하고 여러분에게 식어진 열정을 회복하는 은혜가 있기를 축복합니다.

2. 하나님의 일을 열정적으로 해야 합니다.

이 말은 신앙생활을 열정적으로 하라는 말입니다. 어차피 믿음생활을 할 바에는 하나님이 복을 주실 수 있도록 하라는 말입니다. 하나님은 다윗을 볼 때에 "내 마음에 합한 사람"이라고 하셨습니다. 그래서 역사에 전무후무한 복을 받은 사람이 되었습니다. 한 마디로 하나님께 복을 받을 수 있도록 신앙생활을 열정적으로 하라는 말입니다.

같은 믿음생활을 하면서 어떤 사람은 하나님이 복을 주실 수밖에 없도록 하는 사람이 있는가 하면 어떤 사람은 하나님이 관심을 쏟을 수 없도록 하는 사람도 있습니다. 여러분은 어떤 사람이 되시렵니까? 복을 받는 사람이 되시기 바랍니다. 어떤 사람이 그런 사람입니까? 하나님의 일을 열정적으로 하는 사람입니다.

첫째, 하나님을 열정적으로 사랑하는 일입니다.

바울 사도는 주님의 사랑에 강권되어서 주님을 사랑하게 되었다고 말하고 있습니다. 그러므로 바울 사도처럼 정말 주님을 열정적으로 사랑할 때에 승리하는 사람이 될 수 있습니다.

어떤 사람을 보면 정작 가장 중요한 주님은 사랑하지 않고 주님이 주시는 복만 사랑하는 사람이 있습니다. 이런 사람은 어린아이의 신앙입니다. 어린아이는 부모님을 사랑하기보다는 부모님이 사 주시는 장난감을 더 사랑하는 것을 봅니다. 왜 그렇습니까? 아직 어리기 때문입니다.

아직도 교회를 다니지만 어린아이의 신앙은 주님을 사랑하기보다는 주님이 주시는 복만 사랑하는 사람입니다. 이제는 복을 주시는 주님을 사랑하기 바랍니다. 복의 근본이 되시는 주님을 열정적으로 사랑하기 바랍니다. 그것이 승리의 비결입니다.

저는 구약의 요셉을 하나님께서 무척 사랑하셨다는 것을 알았습니다. 그래서 그는 하는 일마다 가는 곳마다 승리하는 사람이 되었습니다.

그런데 더 중요한 것은 요셉은 하나님께서 이런 복을

주실 때에 더 감사한 마음으로 하나님을 열정적으로 사랑하였다는 것입니다. 전적으로 하나님의 말씀에 순종하였다는 것입니다. 더욱더 승리함으로써 온 집안을 7년의 흉년에서 살려내는 축복의 사람이 되었습니다.

주님을 열정적으로 사랑하는 것이 승리의 관건입니다. 우리 주님만 사랑하면 우리 주님이 우리를 모든 것에서 건져주시고 복이 되게 하십니다.

그러므로 주님께 온전하게 순종하는 것이 주님을 사랑하는 것입니다. 주님의 몸 된 교회를 사랑하는 것이 주님을 사랑하는 것입니다. 주님의 말씀을 전하는 주의 종을 사랑하는 것이 주님을 사랑하는 것입니다. 주님의 말씀대로 사는 것이 주님을 사랑하는 것입니다. 그러므로 우리 주님을 더욱더 뜨겁게 사랑하시기 바랍니다.

복음성가 중에 이런 찬양이 있습니다.

사랑합니다 나의 예수님 사랑합니다 아주 많이요
사랑합니다 나의 예수님 사랑합니다 그것뿐예요
사랑한다 아들아 내가 너를 잘 아노라
사랑한다 내 딸아 네게 축복 더 하노라

사랑합니다 나의 예수님 사랑합니다 아주 많이요
사랑합니다 나의 예수님 사랑합니다 그것뿐예요
사랑한다 아들아 내가 너를 잘 아노라
사랑한다 내 딸아 네게 축복 더 하노라
사랑한다 아들아 내가 너를 잘 아노라
사랑한다 내 딸아 네게 축복 더 하노라
사랑한다 아들아 내가 너를 잘 아노라
사랑한다 내 딸아 네게 축복 더 하노라
네게 축복 더 하노라 네게 축복 더 하노라

이 찬양 가사를 보면 먼저 주님을 사랑하는 사람에게 주님이 우리를 사랑하신다고 노래를 합니다. 물론 우리는 이미 주님의 사랑으로 구원받은 하나님의 백성이지만 하나님은 하나님을 열정적으로 사랑하는 사람을 사랑하십니다. 승리하게 하십니다. 복된 사람이 되게 하십니다.

우리 금천의 성도들은 모든 일에 승리하는 사람이 되시기를 축복합니다. 그러기 위해서 우리가 가장 먼저 해야 할 일은 우리를 구원해주신 주님을 열정적으로 사랑하는 일입니다. 마음으로 사랑하고, 말로 사랑하고, 우리의 삶으로 사랑해야 합니다. 그러면 더 크게 우리를 사랑하셔서 축복의 사람임을 보여주실 것입니다.

둘째, 복음을 전하는 일입니다.
우리 주님이 왜 하늘을 버리고 사람이 되셔서 십자가에서 몸을 갈기갈기 찢으셨습니까? 오직 한 가지입니다. 우리를 죄에서 건져 영원한 하나님의 나라로 인도하시기 위해서입니다. 이것 이상도 아닙니다. 이것 이하도 아닙니다. 그러므로 주님을 사랑하는 일은 주님이 가장 소중하게 여기시는 영혼을 건지는 일입니다. 그 일만 하면 우리 주님은 가장 기뻐서 춤을 추십니다.

그런데 그렇게 주님이 기뻐하시는 일을 하는 사람들에게 가만히 계시겠습니까? 아닙니다. 하나님은 복음을 열정적으로 전하는 사람들을 승리하게 하십니다.

그러므로 우리 금천교회는 주님이 그렇게도 원하셨던 복음 전하는 일에 목숨을 걸어야 합니다. 오직 복음 전하는 일에 온 정성과 심혈을 기울여야 합니다. 그것이 우리 주님을 사랑하는 일입니다. 그리고 승리하는 일입니다.

국내 어느 기업보다도 자기 정체성을 잘 정의하고 그

것에 의해 신명나게 움직이는 조직 중 하나가 삼성의 에버랜드입니다.

에버랜드가 세워진 지 30년이 넘었습니다. 그 역사 가운데 잊지 못할 일이 너무나 많이 있습니다. 한번은 가족들과 함께 놀러온 부인이 실외에 설치된 간이 화장실 변기에 그만 반지를 빠뜨렸습니다. 부인은 발만 동동 구르며 속상해 어쩔 줄 몰라했습니다. 이 소식을 전해 들은 유해원 대리는 망치를 가져와 간이 화장실 벽과 변기를 부쉈습니다. 그리고 배설물이 바닥에 질퍽하게 드러나자 손으로 변을 골라가며 2시간여를 헤집은 끝에 기어이 반지를 찾아내서 부인에게 전해 주었습니다.

또 있습니다. 언젠가는 맨발로 소변을 보는 남자아이의 발이 시릴까봐 자신의 손바닥을 아이의 발 밑에 깔아준 직원의 감동적인 이야기도 전해지고 있습니다.

아무리 능력이 뛰어나고 지식이 출중해도 의무감으로 일하는 사람에게는 열정이 솟아날 리가 없습니다. 그리고 열정이 없는 곳에는 승리라고 하는 기쁨을 맛볼 수가 없는 것입니다.

저는 우리 금천인들이 어디서든지 승리하시기를 원합

니다. 그러기 위해서는 오직 열정이 있어야 합니다. 주님을 사랑하는 일에도 열정적으로 사랑해야 합니다. 복음을 전하는 일에도 열정적으로 해야 합니다. 매사의 어떤 일에도 열정적으로 하여서 모든 일에 승리하는 여러분이 되시기를 축복합니다.

시간을 잘 관리하는 사람입니다

그런즉 너희가 어떻게 행할지를 자세히 주의하여 지혜 없는 자같이 하지 말고 오직 지혜 있는 자같이 하여 세월을 아끼라 때가 악하니라 그러므로 어리석은 자가 되지 말고 오직 주의 뜻이 무엇인가 이해하라 술 취하지 말라 이는 방탕한 것이니 오직 성령으로 충만함을 받으라 시와 찬송과 신령한 노래들로 서로 화답하며 너희의 마음으로 주께 노래하며 찬송하며 범사에 우리 주 예수 그리스도의 이름으로 항상 아버지 하나님께 감사하며 그리스도를 경외함으로 피차 복종하라 _ (엡 5:15~21)

❦ 희곡 작가인 버나드 쇼라는 사람의 묘비에는 "우물쭈물 살다가 내 끝내 이렇게 될 줄 알았지"라는 글이 적혀 있다고 합니다. 버나드 쇼라는 사람이 누구입니까? 세계적인 작가이자 위대한 비평가로 인생을 얼마나 열심히 산 사람이었습니까? 그런 사람인데도 이런 말을 했

다면 우리 같은 사람은 나중에 비문에 뭐라고 써야 할지 모르겠습니다.

그렇습니다. 우물쭈물 살 때가 아닙니다. 건강하다면 최선을 다하여 인생을 살아야 합니다.

《게으름뱅이 나무늘보》라는 동화책에는 "나중에"라는 말을 연발하면서 낮에는 자고, 밤에는 빈둥거리며, 다시 머리가 무거워져서 낮에 또 자다가 결국 아무것도 할 수 없게 되어버린 게으름뱅이 나무늘보에 대한 이야기가 나옵니다.

정도의 차이는 있을 수 있겠지만 오늘 우리의 일상도 이 나무늘보의 흉내를 내고 있지 않는지 생각해 보아야 합니다. 끊임없이 "나중에"를 연발하다 결국에는 포기하고 만 일들이 얼마나 많은가를 생각해 보시기 바랍니다.

많은 사람들이 착각하는 것이 하나 있습니다. "시간이 우리를 성장시켜 준다"는 것입니다. 나이를 먹고 경험이 쌓이고 세상 사는 일에 노하우가 생기면 예전보다 더 많이 지혜로워지고 더 많이 성장하게 될 것이라고 생각합니다. 정말 그럴까요?

그렇다면 왜 우리 주변에 나이가 들수록 더 많이 비굴해지고, 더 많이 고집스러워지고, 더 많은 편견에 사로잡히는 사람들이 생겨나는 것입니까? 바로 시간이 모든 것을 해결해 주지 않는다는 증거입니다.

 시간에 대한 올바른 진리는 한 가지입니다. "시간은 모든 것을 낡고, 늙게 만든다"는 것뿐입니다. 그러므로 우리가 꼭 알아야 할 것은, 정말 승리하는 사람이 되기를 원한다면 시간 관리를 잘해야 합니다. 승리하는 사람들의 습관을 보면 자신에게 관대한 사람은 없습니다.
 그래서 독일의 작가인 프리드리히 쉴러라고 하는 사람은 "시간의 걸음은 세 가지다. 미래는 머뭇거리며 오고, 현재는 화살처럼 날아가고, 과거는 영원히 정지해 있다"고 말했습니다. 이 말이 너무나 꼭 맞는 말인 것 같습니다.
 로마의 웅변가이자 철학자인 세네카는 "인간은 항상 시간이 모자란다고 말하면서도 마치 시간이 무한정 있는 듯이 행동을 한다"고 말했습니다.

 승리하는 사람의 습관이 무엇인 줄 아십니까? "귀찮을

정도로 집요하게 자기 규제와 자기 관리가 철저하다"는 것입니다. 이것이 모든 승리하는 사람의 기초입니다.

그러므로 오늘 우리가 믿음 안에서 승리하기를 원한다면 시간 관리를 잘해야 합니다. 시간 관리를 잘하는 사람치고 승리하지 못하는 사람이 없고, 시간 관리를 잘하지 못하는 사람치고 성공한 사람 또한 없다는 것을 알아야 합니다. 그러므로 주님의 축복과 승리를 원하는 사람은 자신의 시간 관리를 철저하게 냉혹할 정도로 해야 합니다.

동서고금을 막론하고 시간을 적당하게 흘려보내고 승리하는 사람은 아무도 없습니다. 나태하려고 마음 먹으면 얼마든지 풀어질 수 있는 것이 사람입니다. 내가 나 스스로에게 약속한 '앞으로 5년 후에는, 10년 후에는 어떤 사람으로 발전하겠다'는 목표를 위하여 올해에는 무엇을 하고 또 이번 달에는 무엇을 하고, 오늘은 무엇을 할 것인가를 정확하고도 확실하게 실천으로 옮기지 못하는 사람은 결코 승리의 노래를 부를 수가 없습니다.

오늘을 대충 보내고, 오늘 할 일을 내일로 미루고, 하긴 해야겠는데 귀찮으니까 그럭저럭 보내는 사람이라고 한다면 내가 꿈꾸던 것과는 정반대의 모습으로 떨어지고 말 것입니다.

승리하는 사람에게 가장 중요한 것은 자기를 체크하는 것입니다. 그래서 데일 카네기는 시간 관리의 중요성에 대해서 이렇게 말했습니다.

"현재의 이 시간이 더할 수 없는 보배다. 사람은 그에게 주어진 인생의 시간을 어떻게 이용하였는가에 따라서 그의 장래가 결정된다. 만일 하루를 헛되이 보낸다면 큰 손실이다. 하루를 유익하게 보낸 사람은 하루의 보배를 파낸 것이다. 하루를 헛되이 보내는 것은 내 목숨을 소모하고 있다는 것을 알아야 한다."

카네기는 시간을 헛되이 보내는 것을 목숨을 소모하는 것으로 말하고 있습니다. 시간이 그렇게 소중하다는 것을 말하고 있는 것입니다. 그러므로 우리는 하루하루 하나님이 나에게 주신 시간을 바르게 사용하는 지혜자가 되어야 합니다. 이런 사람에게 하나님의 축복이 임합니다.

어느 책을 보니까 시간을 활용하는 타입을 다음과 같

이 나누어 놓았습니다. 즉 유형별 시간관리형을 말하는 것입니다.

첫째, 목표 없이 열심만 있는 형입니다.

이 말은 많은 사람들이 중국어를 배운다고 하니까 나도 덩달아서 그냥 생각도 없이 중국어를 배우는 형을 말합니다. 자기의 목표가 있어서가 아니라 다른 사람들이 하기 때문에 나도 하는 사람이라고 한다면 그런 사람은 목표 없는 열심 형입니다.

일을 하고 있음에 있어서 현재 내가 무엇을 위해서 일을 하고 있는지 생각해 보아야 합니다. 일을 위하여 중장기적인 목표를 세워야 합니다. 큰 계획이 있어야 세부적인 계획도 정해지기 때문입니다.

둘째, 뭐든지 내가 하려고 하는 만능해결사 형입니다.

이 사람은 중요도가 낮은 것에 귀중한 시간을 허비하고 있는 사람입니다. 그러나 일이라고 하는 것은 시간은 한정되어 있고 모든 일을 다 완벽하게 해결한다고 하는 것은 쉬운 일이 아닙니다. 그러기에 포기할 수 있는 것은 과감하게 포기하는 것이 중요합니다.

내가 모든 것을 다 하려고 하는 사람은 효과적인 결과를 만들 수 없습니다. 중요한 것을 제외하고는 덜 중요한 것은 포기하는 용기가 있어야 합니다.

셋째, 하다 보면 되겠지 하는 무계획성 형입니다.

가장 좋은 전개 방식을 생각하기도 전에 먼저 일에 손을 대지만 금방 또 다른 일에 손을 대는 사람입니다. 이런 사람이 하는 일은 언제나 제대로 끝을 보지 못한다는 것입니다. 그 이유는 세 가지입니다.

첫째는 많은 일들이 서로 엉켜버려 필요 이상의 시간이 걸리기 때문입니다. 둘째는 끝까지 완성되는 일이 거의 없기 때문에 짜증이 나서 일을 중간에 멈추게 됩니다. 셋째는 겨우 일을 마친다 하더라도 '그 일은 시간이 오래 걸려, 그 일은 정말 짜증나' 하는 생각을 하면서 결국에는 포기한다는 것입니다.

넷째, 거절할 수 없는 예스맨 형입니다.

이 사람은 "아니오"라고 딱부러지게 말을 못합니다. "아니오"라고 대답을 하면 누군가를 모욕하는 것이 아닐까 하여 그런 대답을 하지 못합니다. 이런 사람은 누군가의 요청을 거절하지 못합니다. 그러나 일이 되기 위해서는 "죄송합니다" 아니면 "시간이 없습니다"라고 분명하게 거절할 수 있어야 합니다. 그래야 자신의 일을 할 수가 있기 때문입니다.

여러분은 위에서 말한 네 가지 형에서 어떤 유형에 해당이 되는 사람입니까? 목표가 없이 그저 열심을 내는 사람이 되어서도 안 됩니다. 무엇이든지 내가 하려고 하는 만능해결사 형도 안 됩니다. 하다 보면 되겠지 하는 무계획적인 사람이 되어서도 안 됩니다. 더더욱 안 되는 것은 자신이 하지도 못하면서 "네네"만 연발하는 예스맨 형도 안 됩니다.

우리는 시간도 부족합니다. 능력도 부족합니다. 그러므로 우리의 짧은 생애를 계획적이면서도 시간을 아끼는 지혜 있는 사람이 되어야 합니다. 그래야 좋은 결과를 만들고 사람들에게는 유익을 줄 뿐만 아니라 하나님께는 영광을 돌릴 수가 있습니다. 그리고 자신은 패배자가 아니라 승리자가 될 수 있습니다. 그런 지혜가 여러분에게 있기를 축복합니다.

오늘 본문을 보면 "세월을 아끼라"고 말씀합니다. 이 말은 "시간을 아끼라"는 말입니다. 우리는 인생을 살면서 정말 시간을 아껴야 합니다. 왜냐하면 승리하기 위해서입니다. 승리하는 사람은 패배하는 사람과는 다른 시간 관리를 하는 사람입니다. 어떻게 할까요?

1. 승리하는 사람은 때가 악한 것을 알기 때문에 시간 관리를 잘하는 사람입니다.

요즘 세상이 얼마나 악한가를 알 것입니다. 한 마디로 말한다면 사람을 죽이는 일을 정말 우습게 아는 세상이 이 세대입니다. 이 말은 세상에서 가장 중요한 것이 사람의 생명인데도 이 생명을 경시한다고 하는 것은 세상이 얼마나 악한가를 말하는 것입니다. 들리는 소리마다 사람을 죽였다는 소리입니다. 그러므로 본문은 "세월을 아끼라 때가 악하니라"고 말씀합니다.

악한 세상에서 죄악에 빠지지 않기 위해서는 시간을 잘 활용해야 합니다. 좋은 일만 골라서 해도 부족한데 혹시 나도 모르는 사이에 악한 일을 한다면 얼마나 무서운 결과를 가져올 수 있는가는 너무나 자명한 일입니다.

지면서도 기분 좋은 대상이 있습니다. 부모가 자식에게 지고 남편이 아내의 애교에 녹아나서 그들에게 좋은 옷 한 벌씩을 마련해 주고 벌레 씹은 얼굴을 하는 사람은 아무도 없습니다. 사랑의 세계에서 일어난 일이기 때문입니다.

사랑의 하나님은 우리에게 지고 또 지는 분입니다. 우리 또한 그분에게 전폭적으로 항복한 다음 한없는 행복을 누리고 사는 것이 신앙입니다. 선과 사랑의 세계는 이처럼 지면서 좋은 세계임이 분명합니다.

그러나 절대로 져서는 안 되는 대상이 있습니다. 악이 바로 그것입니다. 악에 진다는 것은 곧 무서운 파멸을 의미하는 것입니다. 이 땅을 죄악이 가득한 지옥의 현장으로 변화시키는 것이기 때문입니다. 인간으로서 악에게 지고 싶은 이가 있으랴마는 실제로는 대부분의 사람들이 악에게 져서 비참한 삶을 살고 있습니다.

왜 사람들은 악에게 지고 마는 것일까요? 그 중요한 이유 중의 하나는 작전의 잘못에 있습니다.

소총으로 덤비는 100명의 적군을 이기기 위해서는 기관총으로 중무장한 200명의 아군으로 대항하면 이기게 마련입니다. 따라서 사람들은 이 작전의 기본상식을 악과의 싸움에도 적용시킵니다. 상대방이 악으로 도전해 오면 우리들은 무의식적으로 그들보다 더 강력한 악으로 응전하여 단숨에 짓눌러 버리려고 시도하게 마련입니다. 그러나 이것이야말로 악과의 싸움에서 연전연패를 보장받는 전법이라는 사실을 알아야 합니다.

예를 들어 설명해 봅시다. 100의 악을 향하여 200의 악으로 대항하면 악은 300으로 불어날 뿐입니다. 이는 한정된 공간에서 싸우는 사람들이 한쪽에서 100의 독가스를 발한다고 상대방이 200의 독가스로 대항한다면 결과적으로 300의 독가스가 그 공간에 차서 모든 사람을 질식시키고 마는 이치와 같은 것입니다.

이런 경우 상대를 이기는 확실한 방법은 상대의 독가스를 무화시키는 신선한 공기를 내뿜어서 적을 무장해제시켜야 할 것입니다.

하나님이 제일 싫어하시는 것이 악한 것입니다. 그러므로 하나님의 사람은 악을 미워하고 악을 떠나야 합니다. 악을 떠나는 사람을 하나님은 기뻐하시고 복을 주십니다. 그러므로 하나님이 기뻐하시는 곳에 시간을 활용하는 지혜를 가짐으로 복을 받는 여러분이 다 되시기를 축복합니다.

2. 승리하는 사람은 주의 뜻이 무엇인지 아는 사람입니다.

본문 17절에 "그러므로 어리석은 자가 되지 말고 오직 주의 뜻이 무엇인가 이해하라"고 말씀합니다. 사람의 삶의 목적은 인간을 만드신 하나님의 계획에 의하여 알 수 있습니다. 하나님의 인간에 대한 계획은 하나님의 영광을 위한 것입니다. 그러므로 이 목적이 아닌 것은 아무리 최선을 다하고 노력해도 허무한 일생을 보내고 마는 것입니다.

하나님의 영광을 위한 일이라면 비록 아무리 작은 것을 해도 그것이 곧 세월을 아끼는 것이요, 보람된 인생을 보내는 것입니다. 그러기 위해서 가장 중요한 것은 주님의 뜻을 바르게 아는 것입니다. 그리할 때 승리하는 삶을 살 수가 있습니다.

그러면 우리가 어떻게 해야 하나님의 뜻을 분명히 이해할 수 있을까요?

첫째, 말씀을 통하여 하나님의 뜻을 알 수 있습니다.

무엇보다 하나님께서는 성경 말씀과 십계명을 통하여 주님의 뜻이 무엇인가를 보여 주셨습니다. 또한 예수 그리스도의 십자가의 은혜를 통해 하나님의 선하신 뜻을 우리에게 분명하게 보여 주셨습니다.

둘째, 성령님의 역사를 통하여 하나님의 뜻을 알 수 있습니다.

성경은 말씀합니다.

"너희 안에서 행하시는 이는 하나님이시니 자기의 기쁘신 뜻을 위하여 너희에게 소원을 두고 행하게 하시나니"(빌 2:13).

그러므로 우리는 늘 기도함으로 소원을 통해 나타나는 하나님의 뜻을 분별하여 그 뜻대로 살아나가는 진실한 하나님의 자녀가 되어야 합니다.

셋째, 환경을 통하여 하나님의 뜻을 알 수 있습니다.

하나님께서는 환경을 통해 당신의 뜻을 우리에게 계시하십니다.

넷째, 주의 종이나 신앙이 깊은 성도와의 카운슬링을 통해 하나님의 뜻을 알 수 있습니다.

그래서 신앙생활 중에 신앙의 친구를 만난다고 하는 것처럼 큰 축복이 없습니다. 사람은 가까이 있는 사람의 영향을 많이 받게 되어 있습니다. 그러므로 좋은 신앙의 친구를 만나시기를 축복합니다.

우리가 정말 '이것이 나를 향한 주님의 뜻이다' 라고

한다면 못할 것이 어디 있겠습니까? 그러므로 항상 "나를 향한 주님의 뜻이 무엇입니까?" 하는 기도를 하면서 말씀드린 몇 가지 방법을 통하여 언제나 주님의 뜻을 찾아 승리하는 인생을 사시기를 바랍니다.

하나님은 가장 기뻐하시는 하나님의 뜻을 찾아 행하는 사람을 지금도 찾고 계십니다. 하나님의 뜻을 찾아 행하여서 승리하는 은혜가 있기를 축복합니다.

3. 승리하는 사람은 세상 술에 취하거나 방탕하지 않는 사람입니다.

세상의 술에 취하여 세상의 쾌락과 육체의 욕심을 따라 방탕하며 사는 사람은 정말 인생을 마구 낭비하는 것입니다. 지금 생산적인 삶을 살아도 부족한데 세상 술에 취하여 낭비의 삶을 살면서 어떻게 축복과 승리의 인생을 살 수가 있겠습니까? 승리하는 사람은 성령의 충만을 받아서 가장 시간을 알차게 사용합니다. 가장 아름답게 세월을 아끼는 것입니다.

그러므로 세상 술에 취하지 말고 성령에 충만하시기를 축복합니다. 성경은 말씀하기를 "술 취하지 말라 이는 방탕한 것이니 오직 성령으로 충만함을 받으라"(18절)고 하였습니다. 우리 금천의 성도들은 세상 술에 취하지 않고 오직 성령으로 충만하여 승리의 노래를 부르시기를 축복합니다.

 러시아의 작가 도스토예프스키는 1849년 그의 나이 28세 때 사회주의 혁명 단체에 가입했다는 죄명으로 사형을 당하게 되었습니다. 그에게는 최후의 5분이 남아 있었습니다. 28년간을 살아왔지만 단 5분이 이처럼 금덩이같이 생각되기는 처음이었습니다.

 28년간이란 세월을 한 순간 한 순간 아껴 쓰지 못한 것이 무척 후회가 되었습니다. 이제 다시 한 번 살 수만 있다면 순간마다 값있게 쓰련만, 하고 뇌까렸지만 가슴만 아파올 뿐이었습니다. 그 순간 장탄하는 소리가 철커덕하고 났고 이와 동시에 견딜 수 없는 죽음의 공포가 엄습해 왔습니다.

 '내 생명이 이렇게 끝나버리다니' 하고 있을 때 드라마 같은 극적인 사건이 벌어졌습니다. 한 병사가 멀리서부터 흰 손수건을 흔들면서 황제의 특사령을 가지고 온 것입니다. 도스토예프스키는 그곳에서 풀려나 시베리아에서 긴 유형 생활을 하다가 1859년에야 모스크바로 돌아올 수 있었습니다.

그는 사형의 순간에 느꼈던 시간의 고귀함을 평생 잊을 수가 없었고 그 후에 영혼의 문제에 심취하여 그의 소설 속에는 언제나 신앙적 최후 승리가 나타나게 되었습니다.

우리의 인생은 너무나도 짧은 시간입니다. 시간을 잘 활용하여서 승리의 복을 누리는 여러분이 되시기를 축복합니다.

작은 일을 소중하게
여기는 사람입니다

지극히 작은 것에 충성된 자는 큰 것에도 충성되고 지극히 작은
것에 불의한 자는 큰 것에도 불의하니라 _ (눅 16:10)

❧ "깨진 유리창"이라는 법칙이 있습니다. 1982년 제임스 윌슨과 조지 켈링이라는 사람이 자신들의 이론을 월간 잡지에 발표하면서 유명해진 이론입니다.

내용은 이렇습니다. 건물 주인이 깨진 유리창을 그대로 두면 지나가는 아이들이나 행인들이 또 돌을 던져 나

머지 부분까지 모조리 깨뜨리고, 나아가 그 건물에서 절도나 강도 같은 강력범죄가 일어날 확률까지 높아진다는 것입니다. 즉 깨진 유리창 하나가 무법천지를 만든다는 것입니다.

유리창이 하나 깨졌다는 것은 작은 일입니다. 작은 것이지만 빨리 유리창을 갈아 끼워야 다음의 더 큰 문제가 생기지 않습니다. 작은 일이라고 가만히 놔두면 더 큰 문제로 발전하여 호미로 막을 것을 나중에는 가래로도 막지 못하게 되는 것입니다.

그래서 마이클 레빈이라는 사람은 "성공은 치열한 경쟁이나 값비싼 홍보 마케팅과 원대한 비전에만 의존하는 것이 아니라 지금 하고 있는 일의 작은 부분을 챙기는 것이다"라고 말했습니다. 그렇습니다. 내가 지금 하고 있는 작은 일을 성실하게 할 때에 좋은 결과를 창조할 수 있습니다.

1994년 뉴욕 시장으로 루돌프 줄리아니라는 사람이 취임을 했습니다. 그가 취임을 하면서 이런 말을 했습니다.

"빨간불일 때 횡단보도를 건너는 사람을 막을 수 없다면 강도를 막을 수는 없다."

뉴욕 시는 당시에 세계 최고라는 이미지와는 달리 둘째 가라면 서러울 정도로 심각한 우범지역이었습니다. 역대 시장들도 이 문제를 해결하려고 안간힘을 썼으나 그 누구도 뉴욕 시를 범죄 없는 안전한 도시로 만들지 못하였습니다.

줄리아니 시장은 취임 직후 경찰국장과 손을 잡고 대대적인 범죄 소탕 작전에 돌입했습니다. 그런데 그들이 제일 처음 손을 댄 것은 아주 사소한 경범죄들이었습니다. 살인이나 마약 강도와 같은 강력범죄가 아니었습니다. 차 유리를 부수거나 낙서를 하는 사람, 무임승차를 하는 사람들을 대대적으로 잡아들이면서 강력한 처벌을 내렸습니다. 그와 동시에 강력범죄는 앞으로 더더욱 엄격하게 처벌할 것이라는 메시지를 시민들에게 전했습니다.

처음에는 대다수의 사람들이 그를 비웃었습니다. 그러나 결과는 실로 놀라웠습니다. 연간 2천2백 건에 달하던 살인 사건이 순식간에 1천여 건으로 줄었습니다. 작은 것에 관심을 가진 놀라운 위력이었습니다.

예를 들어 우리가 어느 가게를 간다고 해도 제일 먼저

맞아주는 사람이 기분 나쁘게 하면 그 가게는 다시는 가지 않습니다. 그러나 처음 맞아주는 사람이 아주 친절하게 대해주면 기분이 매우 좋습니다. 그래서 그 가게를 다시 찾게 되는 것입니다.

은행이나 대형 가게에 가보면 얼마나 친절하게 인사를 하는가를 우리는 잘 알고 있습니다. 작은 일이지만 그것이 가게가 잘 되는가 안 되는가를 좌우하기 때문입니다.

그러므로 우리 금천의 모든 성도들은 누구에게든지 아주 친절해야 합니다. 특히 처음 보는 얼굴이라면 더더욱 친절하게 인사를 하고 안내를 잘 해야 합니다. 그래야 우리 교회에 대한 첫인상이 아주 좋은 것입니다. 우리 교회에 대한 이미지를 좋게 만들어야 합니다. 작은 일이지만 그런 일이 얼마나 중요한 일인지 알아야 합니다.

그러나 현대는 큰 것을 좋아하는 시대라 해도 과언이 아닙니다. 청주도 5년 사이 아주 많은 작은 가게들이 문을 닫았습니다. 대형 유통업체의 진출이 본격화되면서 골목 상권까지 장악할 것으로 예상돼 기존 상권의 피폐화 현상이 심화될 것이라는 우려의 목소리가 커지고 있습니다.

그러나 큰 것도 좋지만 작은 것도 소중합니다. 큰 일이 중요하지만 작은 일 또한 중요합니다. 우리 성도들은 큰 것을 좋아하면서 작은 것을 깔보고 은근히 무시하는 태도를 버려야 합니다. 결코 작은 것을 무시하면 안 됩니다.

벌써 20년 전(1986년)의 일입니다. 7명의 우주 비행사를 태운 우주선 챌린저 호가 발사된 후, 73초 만에 공중에서 폭발하여 전 세계에 엄청난 충격을 준 적이 있습니다.

챌린저 호가 폭발한 이유는 아주 작은 고무링 하나 때문이었습니다. 원래 이 고무링은 보조 엔진의 연료가 새지 않게 하기 위해 엔진의 이음새에 끼어 놓는 부품입니다. 그런데 저온으로 고무링이 유연성을 상실하여 제대로 작동하지 못했습니다. 결국 그 틈새로 가스가 새어 나와 폭발을 일으킨 것입니다.

거대한 우주선 챌린저 호가 폭발한 것은 큰 부품의 문제나 첨단기기나 장비의 결함 때문이 아니었습니다. 반지 모양의 평범한 고무줄 하나가 낮은 온도에서 충분히 팽창하지 못했기 때문이었습니다. 수년 동안 엄청난 돈을 들여 만든 거대한 챌린저 호가 작은 부품 하나의 문제로 폭발한 것입니다.

더 중요한 것은 엔지니어들이 싼값으로 제작된 링의 위험성을 알고 문제를 제기했는데 미 항공우주국의 관료들이 무시했다는 것입니다. 발사 당일에도 건의했지만 이를 무시하고 발사 명령을 내렸습니다. 그동안 10차례나 발사가 연기되었기 때문에 더 이상 체면을 구길 수는 없다고 생각했습니다. 그래서 링이 문제가 있다는 것을 알았지만 그것은 매우 작은 것이기 때문에 큰 문제가 없을 것으로 생각한 것입니다. 그런데 결과는 큰 참사를 불러일으켰습니다.

여기서 값지게 배우는 것은 작은 것을 무시해서는 안 된다는 것입니다. 큰 것만 중요한 것이 아니라 작은 것도 중요합니다.

예수님은 누구보다도 작은 것에 대해 많이 강조하셨습니다.

"너희에게 겨자씨 한 알만한 믿음이 있었다면 이 뽕나무더러 뿌리가 뽑혀 바다에 심기어라 하였을 것이요"(눅 17:6).

겨자씨만한 믿음을 강조하셨습니다.

"또 누구든지 제자의 이름으로 이 작은 자 중 하나에게 냉수 한 그릇이라도 주는 자는 내가 진실로 너희에게 이르노니 그 사람이 결단코 상을 잃지 아니하리라"(마 10:42).

지극히 작은 자에게 대접하는 한 그릇의 냉수를 말씀하셨습니다.

왜 이렇게 작은 것을 강조하셨습니까? 작은 것이 중요하기 때문입니다.

우리 금천의 성도들은 다른 사람들이 하찮게 보는 작은 것에도 관심을 보이는 섬세한 사람이 되어야 합니다. 그래야 우리 주님에게도 사랑을 받을 수 있습니다. 작은 자를 사랑하시기 바랍니다. 작은 것에 더 많은 관심을 보여 주시기 바랍니다. 그런 은혜가 있기를 축복합니다.

오늘 본문 10절에서 주님은 작은 것의 중요성을 말씀하셨습니다.

"지극히 작은 것에 충성된 자는 큰 것에도 충성되고 지극히 작은 것에 불의한 자는 큰 것에도 불의하니라."

우리 주님도 작은 것에 관심을 가지고 충성하라고 하

십니다. 작은 것의 소중함을 말씀하고 있는 것입니다.
우리는 본문에서 다음과 같은 것을 배워야 합니다.

1. 작은 일을 귀하게 보아야 합니다.

보통 사람들은 큰 것은 중요하게 여기면서도 작은 것은 종종 무시합니다. 큰 일에는 신경 쓰지만 작은 일에는 쉽게 넘어가 버립니다. 그러나 하나님의 일은 크고 작은 것이 없습니다. 모두가 중요하다는 의미입니다. 그래서 본문을 보면 "지극히 작은 것"이라는 말씀이 나옵니다. 작은 것에 눈여겨 볼 줄 아는 지혜가 필요합니다. 결코 작은 것을 무시하거나 가볍게 여기지 말아야 합니다.
미국 속담에 "페니를 아끼면 달러가 굴러들어온다"는 말이 있습니다. 목돈도 푼돈으로부터 시작된다는 말입니다.

지난 2004년도 '저축의 날'에 39세의 장애인 최상길 씨가 저축왕 상을 받았습니다. 그는 하루도 빠짐없이 매일 1,000원씩 저금했습니다. 16년 만에 1억 2,100만 원을 모았습니다. 적은 돈이지만 1,000원을 소중하게 여겼더니, 16년 만에 1억이 넘는 큰돈이 된 것입니다. 그야말로 '티끌 모아 태산'을 이룬 격입니다.

'티끌 모아 태산'은 물질만이 아니라, 노력, 행동, 시간 등 우리의 모든 삶의 현장에서 적용되는 말입니다. 짧은 자투리 시간을 잘 활용하면 큰 일도 행할 수 있습니다.

적은 물질을 소홀히 여기지 말아야 합니다. 작은 시간까지도 소중하게 여겨야 합니다. 사소한 것도 소중하게 여기며 살아야 합니다. 세상에서는 "작은 일에 신경 써서는 큰 인물이 못 된다"고 말하지만, 성경은 "작은 일에 충성해야 큰 인물이 될 수 있다"고 가르칩니다. 이것이 하늘나라의 지혜입니다.

물론 큰 것을 중요하게 여기며, 멀리 보는 비전을 품어야 합니다. 하지만 작은 일을 간과하지 말라는 의미입니다. 발톱이나 발바닥 등에 생긴 물집이나 티눈을 소홀히 처리하다가 큰 병으로 이어질 수 있습니다.

멀리 있는 산에 정신을 팔다가, 발밑의 돌부리에 걸려 넘어질 수 있습니다. 그러므로 멀리 보아야 하지만, 바로 앞에 있는 발밑도 잘 살펴볼 줄 알아야 합니다.

결코 작은 일을 무시하지 마시기 바랍니다. 자투리 시

간도 중요하게 여기시기 바랍니다. 작은 일에도 눈여겨 보는 지혜가 필요합니다.

저의 사촌누님의 아들이 저와 같은 나이였습니다. 제가 서울에 올라가서 많은 신세를 진 친구이자 저의 조카였습니다. 이 친구의 오른쪽 새끼발가락 끝에 작은 상처가 났습니다. 별것이 아니기 때문에 대수롭지 않게 여기고 병원에도 안 갔습니다. 그런데 한 달이 지나도 낫지 않고 도리어 더 아프고 커지는 것이었습니다. 그제야 병원에 가보니 병원에서도 대수롭지 않게 여겼습니다.

그런데 문제는 이것이 점점 더 커지는 것이었고 낫지 않았습니다. 나중에 알고 보니 암으로 변했습니다. 이 암은 임파절을 타고 온몸으로 번졌습니다. 결국에는 5년 전에 천국으로 갔습니다.

처음부터 작은 것이지만 왜 이럴까 하고 잘 보고 처치를 했다면 얼마나 좋았을까를 연발해 보지만 이미 때는 늦었습니다. 작은 것, 적은 것을 소홀히 여기지 않는 사람이 하나님의 복을 받는 사람입니다. 우리 금천인들은 작은 것을 귀중히 여겨 승리하는 지혜자가 되시기를 축복합니다.

2. 작은 일에도 충성해야 합니다.

본문에 '충성'이라는 단어가 나옵니다. 이 '충성'이라는 단어는 헬라어로 '피스토스'로서 '믿다', '옳게 여기다', '신실하다', '충실하다'는 의미입니다. 그러므로 충성이라는 말은 믿음, 진실, 성실과 같은 말입니다. 믿음이 있기 때문에 충성하는 것입니다. 충성하는 사람은 진실한 사람입니다. 충성스런 사람이 믿을 만한 사람입니다.

주님께서는 자기에게 맡겨진 일이 작을지라도 충성할 때 기뻐하십니다. 그러므로 주어진 일이 큰 일이든 작은 일이든 성실하게 감당해야 합니다.

성경에 나오는 달란트 비유를 잘 아실 것입니다. 여기에서 '주인'은 하나님을 의미합니다.

하나님은 다섯 달란트로 갑절을 남긴 사람과 두 달란트로 갑절을 남긴 사람을 똑같이 칭찬하셨습니다. 작은 일을 했다고 조금 칭찬하시지 않았습니다. 많이 남겼다고 더 크게 칭찬하시지도 않았습니다.

다섯 달란트를 남긴 사람이나 두 달란트를 남긴 사람

에게 똑같이 "잘하였도다 착하고 충성된 종아 네가 적은 일에 충성하였으매 내가 많은 것을 네게 맡기리니 네 주인의 즐거움에 참여할지어다"(마 25:21, 23)라고 칭찬과 아울러 축복까지 하셨습니다.

한 달란트 받은 사람은 아무 일도 하지 않고 그냥 땅 속에 묻어두었다가 그대로 가져왔습니다. 이에 "악하고 게으른 종"이라는 책망이 따랐습니다. 이 사람은 게을렀으며 적은 것을 소중하게 여기지 않았습니다. 그래서 충성하지 않았습니다.

주인은 그 한 달란트를 빼앗아 열 달란트 가진 자에게 주었습니다. 성경은 "무릇 있는 자는 받아 풍족하게 되고 없는 자는 그 있는 것까지 빼앗기리라"(마 25:29)고 말씀하며 그 사람을 바깥 어두운 데로 내쫓아낸다고 하였습니다.

큰 일을 하는 사람은 작은 것을 소중히 여기며 충성합니다. 작은 일에 충성하는 사람이 결국은 그 진가를 인정받게 됩니다. 겨자씨는 작은 씨앗이지만, 점점 자라서 나무가 되고 새들이 와서 깃들이게 됩니다. 비전의 사람은 결코 겨자씨 같은 작은 것을 무시하지 않습니다.

작은 일에 임하는 자세를 보면 그 사람의 미래를 알 수 있습니다. 작은 일에 충성하는 사람의 미래는 밝습니다. 인생의 성공 비결은 재능이나 능력에 있지 않습니다. 비록 작은 일이며 남들이 눈여겨보지 않는 것이라도 충성하는 사람이 되어야 합니다. 이런 사람이 결국 하나님께 귀하게 인정받고 쓰임 받게 됩니다.

평북 정주에 있는 어느 집에서 머슴살이 하는 청년이 있었습니다. 비록 집은 가난하고 힘들어 머슴살이를 하고 있지만 자신의 처지를 비관하거나 부끄러워하지 않았습니다. 그는 매일같이 주인의 요강까지도 깨끗이 닦아 놓았습니다. 모든 일을 성실하게 감당하는 것을 본 주인은 이 청년이 자기 집에서 머슴살이를 하는 것이 너무 아까웠습니다.

그래서 주인은 그 청년에게 모든 학자금을 대주면서 평양에 있는 숭실학교에 보내 공부시켰습니다. 그 청년은 숭실학교를 우수한 성적으로 졸업하고 고향으로 내려와 오산학교 선생님이 되었습니다. 이 청년이 바로 민족주의자요, 독립운동가로 유명한 조만식 선생입니다.

조만식 선생은 제자들이 인생의 성공 비결을 물을 때

마다 항상 "여러분이 사회에 나가거든 요강을 닦는 사람이 되십시오!"라고 일러주었습니다.

우리는 어느 위치에서든지 맡겨진 일을 성실하게 감당해야 합니다. 중요한 것은 이 모든 일을 하나님이 보신다는 사실입니다.

허드슨 테일러는 "작은 일은 작은 일이다. 하지만 작은 일에 신실한 것은 큰 일이다"라고 말했습니다. 마더 테레사는 "나는 큰 일을 하지 않는다. 나는 작은 일을 큰 사랑으로 한다"고 말했습니다. 깊은 감동이 되는 말입니다.

앞으로 우리 주님의 축복의 대상이 되며 우리 주님을 기쁘시게 해드릴 주인공인 우리 금천인들은 작은 일도 눈여겨보며 소중하게 여기시기 바랍니다. 하나님이 맡겨주신 작은 일에도 충성을 다하시기 바랍니다. 그래서 하나님 앞에 인정받고 더욱 소중하게 쓰임 받아 승리하는 존귀한 삶이 되시기를 축복합니다.

자기를 훈련하는 사람입니다

네가 이것으로 형제를 깨우치면 그리스도 예수의 좋은 일꾼이 되어 믿음의 말씀과 네가 따르는 좋은 교훈으로 양육을 받으리라 망령되고 허탄한 신화를 버리고 경건에 이르도록 네 자신을 연단하라 육체의 연단은 약간의 유익이 있으나 경건은 범사에 유익하니 금생과 내생에 약속이 있느니라 미쁘다 이 말이여 모든 사람들이 받을 만하도다 이를 위하여 우리가 수고하고 힘쓰는 것은 우리 소망을 살아 계신 하나님께 둠이니 곧 모든 사람 특히 믿는 자들의 구주시라 너는 이것들을 명하고 가르치라 누구든지 네 연소함을 업신여기지 못하게 하고 오직 말과 행실과 사랑과 믿음과 정절에 있어서 믿는 자에게 본이 되어 내가 이를 때까지 읽는 것과 권하는 것과 가르치는 것에 전념하라 네 속에 있는 은사 곧 장로의 회에서 안수 받을 때에 예언을 통하여 받은 것을 가볍게 여기지 말며 이 모든 일에 전심 전력하여 너의 성숙함을 모든 사람에게 나타나게 하라 네가 네 자신과 가르침을 살펴 이 일을 계속하라 이것을 행함으로 네 자신과 네게 듣는 자를 구원하리라 _ (딤전 4:6~16)

❧ 한국과 아시아를 넘어 세계적인 가수로 발돋움하는 월드스타 비라는 가수가 있습니다. 곱상하게 생긴 청년이 가수라고 해서 처음 노래를 부를 때만 해도 젊은 여성들에게 인기깨나 끌겠다고 생각을 했지 이렇게 대성

하리라고는 전혀 예상하지 못했습니다. 지금은 국내만이 아니라 미국에도 많은 팬들이 있습니다.

가수 비가 그렇게 대성하게 된 이유가 있습니다. 그에게는 다른 사람들에게는 없는 열정이 있습니다. 그는 다른 사람들보다 지독한 연습벌레라고 합니다. 그는 이렇게 말합니다.

"지금 자면 꿈을 꿀 수는 있지만 안 자면 꿈을 이룰 수 있다고 생각했습니다. 연습에는 장사가 없으니 '죽을 만큼 노력하자. 안심하면 무너진다' 그런 생각뿐이었습니다. 제게는 노력이라는 칼이 있으므로 불안감을 연습으로 극복했습니다. 120%를 준비해야 무대에서 100%의 실력을 발휘할 수 있습니다. 준비가 되어 있지 않으면 저는 아예 시작도 하지 않습니다."

언젠가 텔레비전에서 그의 성장 과정이 다큐멘터리로 방영되는 것을 보면서 이런 생각을 했습니다. 그는 속된 말로 "무슨 일이든지 해도 되는 사람"이었습니다. 그의 부단한 노력은 일반인들의 상상을 훨씬 초월하였기 때문입니다.

그렇습니다. 승리하는 사람이 패배하는 사람과 다른

것은 크게 말하면 한 가지입니다. 자기 자신을 얼마나 강하고 호되게 훈련하느냐 하는 것입니다.

스스로 자기 자신을 훈련하든지 아니면 다른 사람이 훈련을 시키든지 훈련을 강하게 받는 사람만이 승리하는 사람이 될 수가 있습니다. 그래서 남자는 태어나서 군대를 다녀와야 합니다. 왜냐하면 강한 훈련을 받는 곳이 군대이기 때문입니다. 군대 가서 강한 훈련을 받은 사람은 웬만한 어려움은 다 이겨내게 되어 있습니다.

가수 비를 그렇게 강하게 훈련을 시킨 사람이 그의 소속사인 JYP 엔터테인먼트의 박진영 사장입니다. 한때는 박진영 씨도 가수였습니다. 그러다가 연예인들을 배출하는 소속사를 만들어 강한 훈련을 통해 좋은 가수를 만들어 내고 있습니다. 강한 훈련을 통해서만이 살아남는 시대입니다.

저는 우리 교회 부목사님들이 어디를 나가서도 목회를 잘 하고 많은 영혼을 건져내는 분들이 되기를 원합니다. 그러기 위해서는 우리 교회에서 강한 훈련을 받아야 합니다. 기도 훈련을 받아야 하고, 전도 훈련을 받아야 하고, 교인들을 양육하는 훈련을 받아야 합니다.

특히 중요한 것은 설교를 잘하는 훈련을 받아야 합니다. 저는 부목사님들이 설교하는 것을 잘 경청합니다. 그래서 잘한 것은 칭찬해 주고 잘못했을 때에는 불러서 이것은 이렇게 하는 것이 더 좋지 않겠는가 하면서 설교 클리닉을 할 때가 많이 있습니다. 그래서 모든 면에서 부족함이 없는 목사로서 어디를 가든지 목회를 잘하는 사람이 되어야 합니다.

우리 금천교회 부목사님이라면 어디서든지 요청을 할 정도로 영성이 풍부하고, 인간성이 좋으며, 설교도 잘하고, 모든 면에서 부족함이 없는 분들로서 성장해야 합니다.

그런데 그렇게 되기 위해서는 한 가지밖에 없습니다. 자신을 강하게 훈련해야 합니다. 그런 사람에게 하나님은 미래를 맡기십니다. 그러므로 금천의 성도들은 자기 자신을 강하게 훈련하여서 모든 일에 승리하는 분들이 다 되시기를 축복합니다.

미국의 크라이슬러 자동차의 창업자인 월터 크라이슬러는 이런 말을 했습니다.

"당신이 진심으로 성공하기를 원한다면 자기 훈련을 첫 번째 사랑으로 하라. 목표 설정을 두 번째 사랑으로 삼아라."
 또 중국의 사업가는 이렇게 말했습니다.
 "훈련하는 데는 돈이 든다. 그러나 훈련을 하지 않으면 돈을 벌 수 없다."
 지독한 자기 훈련만이 승리하는 사람을 만들 뿐입니다. 훈련은 괴롭지만 결과는 아름답기 때문입니다. 그러므로 축복과 승리를 정말 원한다면 강하게 자기 훈련을 하는 사람이 되어야 합니다.

 두 명의 사령관이 있었습니다. 둘 다 전쟁터에서 승리하기 위해서 부대원들을 훈련하는 일에 열중하였습니다. 한 사령관은 전쟁을 대비하여 매일 강인한 훈련을 시켰습니다. 그래서 병사들의 불평과 원성이 컸습니다. 반면 다른 사령관은 거의 매일 휴식과 여흥을 베풀어 병사들로부터 인기 짱이었습니다.
 그러던 어느 날 실제 전쟁이 일어났습니다. 강한 훈련을 받은 사단은 병력 손실이 거의 없이 승리를 하였습니다. 그러나 인기에 영합한 사령관 때문에 훈련보다는 놀기 바빴던 사단은 전멸하였습니다. 훈련이 이렇게 중요한 것입니다.

일찍이 독일의 명장 롬멜 장군은 이런 말을 했습니다.

"사령관이나 군대가 병사들에게 해줄 수 있는 가장 큰 복지는 훈련뿐이다."

그렇습니다. 전장에 나가서 죽지 않도록 평소에 그들을 단련시켜 주는 것이야말로 진정한 사랑입니다. 생명을 살리는 것이 사랑이지 놀고 먹게 하다가 죽게 하는 것은 사랑이 아닙니다. 그러므로 강한 훈련이 그렇게 중요한 것입니다.

지독한 연습으로 명성이 높았던 한 피아니스트는 자신이 하루도 빠지지 않고 연습을 하는 이유에 대하여 이렇게 말했습니다.

"하루 연습을 안 하면 내가 압니다. 이틀 연습을 안 하면 비평가들이 압니다. 그리고 사흘 연습을 안 하면 청중 모두가 압니다."

훈련만이 내가 사는 길입니다. 훈련만이 우리 주님을 기쁘시게 하는 길입니다. 훈련을 빼고 되는 것은 아무것도 없습니다. 그러므로 날마다 자기 훈련을 하시기 바랍니다.

브라이언 트레이시라는 사람이 지은 《백만 불짜리 습관》이라는 책이 있습니다. 이 책에서 저자는 이런 말을 합니다.

"당신이 생각하고, 느끼고, 행동하고, 성취하는 모든 것의 95%는 습관의 결과이다."

즉 어린 시절부터 여러분은 거의 모든 상황에서 자동적으로 반응하는 일련의 조건반사를 발전시켜 온 것입니다.

다시 말한다면 "승리하는 사람은 승리하는 습관을 가지고 있고, 실패하는 사람은 실패하는 습관을 가지고 있다"는 것입니다.

그러므로 훈련은 본능을 극복하는 행위입니다. 편하고 쉽게 살려고 하는 저 밑바닥의 본능을 누르고 자신을 통제하고 훈련하는 사람만이 인생의 행복과 승리를 거머쥘 수가 있습니다.

이 세상에 공짜는 없습니다. 철학자 니체의 "자신에게 명령하지 못하는 사람은 남의 명령을 들을 수밖에 없다"는 말은 오늘을 사는 우리가 꼭 기억해야 할 말입니다.

오늘 본문을 보면 '연단'이라는 말과 함께 '성숙함'이라는 말이 나옵니다. 이 말은 연단을 통해 성숙해진다는 말입니다. 개역 성경에는 '연단'을 '연습'이라고 하고, '성숙함'을 '진보'라고 번역하고 있습니다. 이 말은 자기를 열심히 훈련할 때에 자기 발전이 있다는 것입니다. 이것은 신앙생활에서 연습이 절대적으로 필요함을 보여줍니다. 연습 없는 결과는 결코 없기 때문입니다.

생각해 보면 우리의 삶은 훈련의 연속입니다. 신앙생활을 해도 훈련이 절대적으로 필요합니다. 그래서 교회에서 성경공부를 한다고 할 때에는 다른 사람들보다도 먼저 머리를 싸매고 덤벼야 합니다. 그래야 깊은 신앙생활을 할 수 있습니다. 하나님이 기뻐하시고 상 받을 수 있는 신앙생활을 할 수가 있는 것입니다.

그러면 어떤 훈련이 우리에게 필요한 것일까요? 본문 7절에 이렇게 말씀합니다.

"망령되고 허탄한 신화를 버리고 경건에 이르도록 네 자신을 연단하라."

육체의 연단이 약간의 유익이 있는데 이것보다 더 중요한 경건에 이르는 훈련을 하라고 말씀합니다.

육체는 때가 되면 약해지다가 사라지는 것입니다. 이

육체를 관리하기 위해서는 많은 신경을 씁니다. 좋은 일입니다. 그러나 정말 더 중요한, 영원히 사라지지 아니할 영적인 것을 위하여 여러분은 얼마나 투자하고 있습니까?

집집마다 가보면 체중계에 몸을 달아 보면서 2kg 가지고 울고 웃고 하는 것을 봅니다. 그러나 나의 영혼의 상태를 깊이 점검해 보고 있습니까?

때때로 우리는 육체의 건강을 위하여 피나는 다이어트로 체중 조절을 하려고 노력합니다. 그러나 내 영혼의 상태에 대하여 금식하면서 기도해 보신 적이 있습니까? 이 세상 뿐만 아니라 내생이 약속되어 있는 경건을 위한 훈련이 있어야 합니다.

그러면 경건이 이렇게 중요한데 우리는 무엇을 훈련해야 할까요?

1. 경건한 삶을 위해서는 말을 잘 훈련해야 합니다.

사람이 가장 많이 상처를 받는 것이 말입니다. 말이 상처를 주기도 하고 기쁨을 주기도 합니다. 그렇다면 이왕에 하는 말이니 듣기에 좋은 말로 한다면 얼마나 좋겠습니까? 그런데 어느 분을 보면 듣는 사람으로 아주 기분이 나쁘고 마음을 상하게 하는 말을 하는 분이 있습니다.

그래서 본문 12~13절에 이렇게 말씀합니다.

"누구든지 네 연소함을 업신여기지 못하게 하고 오직 말과 행실과 사랑과 믿음과 정절에 있어서 믿는 자에게 본이 되어 내가 이를 때까지 읽는 것과 권하는 것과 가르치는 것에 전념하라."

말은 우리의 삶에서 가장 많이 사용하는 것입니다. 그래서 말로 인해 울고 웃는 것입니다. 말에 따라 상처를 받기도 하고 기쁨을 얻기도 합니다. 말이 그렇게 중요합니다.

성경은 "무릇 더러운 말은 너희 입밖에도 내지 말고"(엡 4:29)라고 말씀합니다. 허탄한 말, 더러운 말을 먼저 제거하는 훈련을 해야 합니다.

그러나 어차피 말은 하고 살아야 하므로 제거만 해서 되는 것이 아닙니다. 채울 것으로 채워야 합니다. 그래서 성경은 "오직 덕을 세우는 데 소용되는 대로 선한 말을 하여 듣는 자들에게 은혜를 끼치게 하라"(엡 4:29)고 말씀합니다.

그렇습니다. 누가 들어도 좋은 말만 하시기 바랍니다. 하나님이 기뻐하시는 은혜로운 말만 하시기 바랍니다. 그러면 경건의 훈련이 되는 것입니다. 말을 할 때에 상대방이 들으면 어떻게 할까 한 번쯤 생각해서 한다면 분명히 승리하는 사람이 될 것입니다. 말을 잘 훈련하여서 어디를 가든지 승리와 축복이 함께하시기를 바랍니다.

2. 경건한 삶을 위해서는 행실을 잘 훈련해야 합니다.

우리가 하는 말을 뒷받침하는 삶의 태도와 습관을 잘 훈련해야 합니다. 말과 행실이 일치하지 않는 사람을 위선자라고 합니다. 성경은 "그들이 하나님을 시인하나 행위로는 부인하니"(딛 1:16)라고 말씀합니다. 혹시나 우리가 예수를 믿는다고 하면서 말은 잘하는데 행함이 따르지 않는가를 생각해 보아야 합니다. 그러면 우리의 경건이 무너지는 것입니다.

삶을 살아가는 방식과 일을 처리하는 모습 속에서 하나님 없는 것처럼 살아간다면 믿음의 사람이 아닙니다. 주일날 와서 입술로 고백하는 것으로만 끝나면 온전한 신앙생활이 아닙니다. 내 마음으로 믿는 우리 주님의 말씀을 나의 삶으로 보여주는 것이 온전한 신앙생활입니다.

철학자 플라톤은 이런 말을 했습니다.
"그들의 비난을 종결시키는 것은 나의 변명이 아니다. 그들의 비난을 침묵시킬 수 있는 유일한 길은 나의 올바른 행위일 뿐이다."
그렇습니다. 행위로 말해야지 입술로 말해서는 설득력이 없습니다. 그러므로 나는 내가 한 말에 책임을 진다고 하는 행함이 있는 믿음이 있어야 합니다. 즉 행동하는 양심이 되어야 합니다. 그것이 모든 일에 승리하는 비결입니다. 말과 함께 행함으로 승리하시기를 축복합니다.

3. 경건한 삶을 위해서는 깨끗한 삶을 훈련해야 합니다.

어떤 면에서 깨끗해야 할까요? 제가 목사 안수를 받는데 선배 목사님께서 권면을 하셨습니다. 앞으로 목회에 승리하기 위해서는 세 가지를 조심해야 한다고 권면하셨습니다.
첫째는 이성적인 것에서 깨끗해야 한다고 하셨습니다.

목사는 평생 여자 분들과 함께하는 삶이기 때문에 여자 문제에 있어서 아주 깨끗해야 한다고 하셨습니다.

둘째는 물질에 있어서 깨끗해야 한다고 하셨습니다. 돈 문제를 잘 하지 못하면 역시 목회를 할 수 없다고 하셨습니다.

셋째는 명예문제를 깨끗이 하라고 하셨습니다. 너무나 명예를 좋아하면 교회를 성장시킬 수 없다고 하셨습니다.

언제나 이 세 가지를 가슴에 새기고 명심하면서 자기 자신을 깨끗하게 잘 관리하라고 하셨습니다.

그렇습니다. 인생을 오래 살아보니까 어른들이 하신 말씀이 꼭 맞다는 것을 알게 됩니다. 그분들도 인생을 오래 살아본 결과를 말씀하신 것입니다. 그러기에 그분들의 말씀은 인생을 승리하는 데 있어서 진리입니다. 성도 여러분도 모든 것에서 깨끗하여 승리하시기를 축복합니다.

그러면 우리가 어떻게 경건하게 자신을 훈련하는 사람이 될 수가 있을까요? 오직 한 가지입니다. 우리를 구속하신 그리스도의 보배로운 피를 생각하면서 자기를 훈련하여 거룩한 자가 되어야 합니다.

우리들이 하나님의 자녀가 된 것은 은이나 금같이 없어질 것으로 된 것이 아니라 하나님의 아들이신 그리스도의 보배로운 피로써 값을 치름으로 될 수 있었습니다.

그래서 성경은 "너희가 알거니와 너희 조상이 물려준 헛된 행실에서 대속함을 받은 것은 은이나 금같이 없어질 것으로 된 것이 아니요 오직 흠 없고 점 없는 어린 양 같은 그리스도의 보배로운 피로 된 것이니라"(벧전 1:18~19)고 말씀합니다. 오직 예수님의 피로 구원을 받은 것입니다.

피는 생명입니다(레 17:11). 피는 죄를 사하는 것입니다(히 9:22). 그러므로 피는 고귀합니다. 흠 없고 점 없는 무죄하고 완전한 하나님의 어린양이신 그리스도의 피는 더욱더 귀합니다. 그러므로 성경은 그리스도의 보배로운 피가 우리를 속죄하기 위하여 흘려졌기에 우리와 같은 죄인들도 하나님의 자녀가 되어 하나님의 영원한 영광에 들어가게 되었다고 말씀합니다.

우리가 인생을 살면서 날마다 좋은 일만 있는 것만은 아닙니다. 흐린 날도 있습니다. 눈보라가 치는 날도 있습니다. 그때마다 우리를 위하여 십자가에서 피 흘리신 예수님을 생각한다면 얼마든지 자기를 강하게 훈련하여서 경건의 삶을 살 수가 있는 것입니다.

저는 정말 간절하게 원합니다. 하나님의 희망이며 미래의 주역이 될 우리 금천의 성도 여러분! 힘들지만 자신을 잘 훈련해야 합니다.

자신을 훈련하다 보면 때로는 눈물과 피로 범벅이 될 수도 있습니다. 그러나 참고 인내해야 합니다. 우리 주님의 십자가의 피 흘리심을 생각하면서 이겨 내시기 바랍니다. 그래서 우리의 이 짧은 인생에서 십자가의 은혜로 승리하는 복된 주인공이 다 되시기를 축복합니다.

분명한 목표를 가진 사람입니다

사랑하는 자들아 우리가 이같이 말하나 너희에게는 이보다 더 좋은 것 곧 구원에 속한 것이 있음을 확신하노라 하나님은 불의하지 아니하사 너희 행위와 그의 이름을 위하여 나타낸 사랑으로 이미 성도를 섬긴 것과 이제도 섬기고 있는 것을 잊어버리지 아니하시느니라 우리가 간절히 원하는 것은 너희 각 사람이 동일한 부지런함을 나타내어 끝까지 소망의 풍성함에 이르러 게으르지 아니하고 믿음과 오래 참음으로 말미암아 약속들을 기업으로 받는 자들을 본받는 자 되게 하려는 것이니라 _ (히 6:9~12)

❧ 얼마 전에 TV 프로그램 "아침마당"을 보았습니다. 어느 젊은 여자 분이 나와서 돈을 번 이야기를 하였습니다.

간호사 출신인 이분은 어떻게 해서라도 돈을 벌어야 하겠다는 생각을 20세가 되었을 때에 하게 됩니다. 그래서 일찍 결혼도 합니다. 처음에는 알뜰하게 절약을 합니다. 모든 돈을 저축합니다. 겨울에도 난방을 틀지 않고 살았다고 합니다. 조금 모아졌는데 그 돈이 2,900만 원이었습니다. 이 돈을 가지고 여기저기 투자를 합니다. 이분은 일찍이 펀드를 하고 주식에 투자합니다. 부동산에 투자를 합니다. 이렇게 하여 10년 만에 20억을 벌었다고 합니다.

분명한 목표를 세우고 열심을 다하여 노력하였더니 그의 꿈이 이루어졌습니다. 그래서 아침마당에 나와서 자신의 성공담을 이야기하는 사람이 되었습니다. 지금은 전국을 다니면서 성공 비결에 대한 강의를 하고 있다고 합니다. 이와 같이 사람은 분명한 목표가 있어야 합니다.

미국의 교육자인 헬렌 켈러는 이런 말을 했습니다.
"사람들은 맹인으로 태어난 것보다 더 불행한 것이 무엇이냐고 나에게 물어 온다. 그럴 때마다 나는 시력은 있으나 비전이 없는 것이라고 대답을 한다."

그렇습니다. 자신의 꿈에 대한 분명한 목표가 있어야 합니다. 그래야 그 목표를 향하여 힘있게 달려갈 수가 있는 것입니다.

여러분에게는 어떤 목표가 있습니까? 밥이나 먹고 하루하루 그럭저럭 사는 것입니까? 우리는 인생을 얼마나 살지 모릅니다. 그러나 얼마를 더 살지 모르지만 우리에게는 각자의 목표가 있어야 합니다. 그래야 힘있는 인생을 살 수가 있는 것입니다.

내가 어디를 가겠다고 하는 방향과 목표가 없다면 그 발걸음은 무거울 뿐입니다. 그러나 방향과 목표가 결정되면 걸음은 가볍고 힘이 있습니다. 목표가 있기 때문입니다.

그러므로 여러분이 승리의 삶을 살기를 원한다면 목표를 세우시기 바랍니다. 단기적인 목표도 세우고 장기적인 목표도 세우시기 바랍니다. 그래야 승리하는 삶을 살 수 있습니다.

제가 어느 책을 보니까 이런 글귀가 눈에 들어왔습니다.

"평범한 성장은 성과가 아니다."

이 말은 사람의 월급은 1년이 지나면 조금이라도 오릅니다. 그런데 평범하게 성장했다고 한다면 그런 회사나 교회는 성장한 것이 아니라 오히려 아래로 추락을 하고 있는 것입니다.

예를 들어서 1년에 5~10% 정도 교회나 회사가 성장을 한다고 했을 때 대부분의 사람들은 성장했다고 만족한다는 것입니다. 그러나 가만히 생각해 보십시오. 다음에도 월급이 그만큼 오릅니다. 그리고 1년 동안 그만큼 경험을 하고 배운 것은 어디서 찾아야 하는 것입니까? 결국에 그런 정도의 성장은 성장이라고 할 수 없습니다.

프로는 아마추어처럼 노력하고 있다는 자기위안이나 전보다 조금 성장을 했다고 하는 낭만적인 생각으로는 생존할 수 없습니다. 프로들의 머릿속에는 경기에 나가 이기는 것으로만 가득 차 있을 뿐입니다. 탁월한 실력으로 우승컵을 손에 거머쥐는 것입니다.

그런데 여러분은 인생을 살면서 지금 아마추어입니까? 프로입니까? 적어도 인생을 30년 넘게 살았으면 제가 볼 때에는 아마추어가 아니라 프로입니다. 왜냐하면 한 가지 일에 그만큼 시간과 관심과 정력을 쏟았기 때문입니다. 그 정도라면 여러분은 프로입니다.

그렇다면 결과를 만들어야 합니다. 그러기 위해서 나

만의 또 다른 목표를 세워야 합니다. 지속적으로 자신을 성장시켜 가는 사람은 주어진 목표 외에 자신이 달성하고자 하는 자신의 이상적인 목표를 세워야 합니다. 그리고 그것이 달성되었을 때에 자기 자신에게 특별한 선물을 하는 사람이 되어야 합니다. 그러면 훨씬 더 강력한 새로운 동기가 생겨나게 됩니다.

통상적으로 일반 기업에서는 자기 자신의 몸값의 18배를 벌어 와야 회사가 존속할 수가 있다고 합니다. 월급을 받는 것만큼만 일하면 되지 않느냐고 배짱을 튕기거나 결근도 안하고 꼬박꼬박 자리를 지키고 있는 것도 얼마나 대단하냐고 할지 모르지만 자리 정도 지켜서는 앞으로 승리하는 사람이 될 수 없습니다. 오늘의 사회는 그 이상을 요구하고 있습니다.

그러므로 미래에 대한 비전을 세워야 합니다. '5년 후, 10년 후, 20년 후 나의 모습은 어떻게 나타날 것인가' 하는 것을 설정해 보아야 합니다. 가급적이면 명확하게 그림을 그리는 것이 좋습니다.

승리하는 사람은 자신에 대하여 아주 냉정한 사람입니다. 어떤 사람은 자신에게 너무나 관대합니다. 늦게 일어나도 관대합니다. 목표가 달성이 안 되어도 관대합니다. 그런 사람은 결코 승리하는 사람이 될 수 없습니다. 자신을 아주 혹독하게 채찍질하면서 미래의 승리를 위하여, 목표를 위하여 매진하는 사람만이 축배를 들 수 있습니다.

마치 2002년 월드컵의 영웅이었던 히딩크 감독처럼 "나는 아직도 배가 고프다"라고 말할 수 있는 사람이 되어야 합니다.

저도 지금 배가 얼마나 고픈지 모릅니다. '이 정도 모이면 되겠지' 할 수 있습니다. 그러나 저는 지금도 배가 너무나 고픕니다. 전도해야 한다고 하는 일에 배가 고픕니다. 영혼을 더 건져야 한다는 분명한 목표 외에 무엇이 있겠습니까? 비전 2010을 이루고야 말겠다는 것이 저의 제일순위 목표입니다.

여러분은 인생에 대한 목표가 있습니까? 그러면 그 목표가 구체적입니까? 그리고 그 목표를 이루기 위하여 무엇을 어떻게 해야 할까요? 여러 가지가 많이 있지만 다음과 같은 것이 분명할 때에 우리의 목표가 이루어질 수가 있습니다.

1. 목표를 이루기 위해서는 믿음, 즉 확신이 있어야 합니다.

항해하는 선장이 도착하고자 하는 항구에 갈 수 있다는 믿음이 없다면 어떻게 되겠습니까?
결혼할 총각이 사랑하는 신부가 자신을 사랑하고 있다는 사실에 대해 믿음이 없다면 어떻게 결혼할 수 있겠습니까?
예배드리는 우리가 이 지붕이 내려앉을지도 모른다고 생각하면 어떻게 여기에서 편안하게 예배를 드릴 수 있겠습니까?
믿음은 어떤 일을 하는 데 가장 기본이 됩니다. 믿음이 없다면 아무것도 할 수 없습니다. 꿈을 성취하는 데 있어서 마음의 생각은 참으로 중요합니다. 그래서 본문은 "믿음과 오래 참음으로"라고 말씀합니다.
알렉산더 대왕이 군대를 이끌고 전쟁터에 나갔습니다. 그런데 적군은 아군보다 무려 열 배나 많았습니다. 병사들은 벌써부터 수적인 열세에 겁을 먹고 있었습니다. 싸움터로 가는 도중 알렉산더 대왕은 갑자기 작은 사원으로 들어갔습니다. 그리고 그곳에서 승리를 기원하는 기도를 올렸습니다. 장수와 병사들이 일제히 그를 바라보았습니다. 알렉산더 대왕은 손에 동전 하나를 들고 말했습니다.

"자, 이제 기도를 마쳤다. 신께서 내게 계시를 주셨다. 이 동전을 던져 나는 우리의 운명을 예측하려고 한다. 만약 이 동전을 던져 앞이 나오면 우리는 승리할 것이고 뒤가 나오면 우리는 패배할 것이다."

알렉산더 대왕은 비장한 표정으로 동전을 하늘 높이 던졌습니다. 모두 숨을 죽이고 동전을 주시했습니다. 군사들 앞에 떨어진 동전은 앞면이 위로 올라와 있었습니다. 그러자 "앞면이다. 와— 우리가 이긴다" 기쁨의 함성이 천지를 뒤흔들었습니다. 결국 그들은 열 배나 되는 적을 격파하였습니다.

전쟁이 끝난 후에 승리를 자축하는 자리에서 한 장교가 말했습니다.

"운명이란 무서운 것입니다. 저희가 열 배나 되는 적을 이겼으니 말입니다."

그러자 알렉산더 대왕이 말했습니다.

"과연 그럴까? 그 동전은 양쪽 다 앞면이었는걸!"

우리가 인생을 사는 데 있어서 가장 필요한 것이 무엇일까요? 비전과 믿음입니다. 아무리 어려운 일이라도 된다고 믿으면 되는 것입니다. 그래서 어느 단체를 이끄는 리더의 가장 중요한 덕목 중의 하나가 구성원들에게 비전과 믿음을 심어주는 일입니다.

알렉산더 대왕은 군사들로 하여금 필사적으로 싸우겠다는 의지를 불태우는 분명한 목표와 함께 믿음을 심었기 때문에 승리하게 된 것입니다. 그러므로 우리의 인생에 있어서 목표가 그렇게 중요한 것입니다.

성경은 "너희 안에서 행하시는 이는 하나님이시니 자기의 기쁘신 뜻을 위하여 너희에게 소원을 두고 행하게 하시나니"(빌 2:13)라고 말씀합니다. 소원을 정했다면 그것이 이루어질 것을 믿읍시다. 하나님께서는 하나님의 깊으신 뜻을 위하여 우리에게 소원을 주시고 또한 그것을 이루게 하십니다. 내가 이루는 것이 아니라 하나님께서 이루시는 것입니다. 그러므로 이 확신을 가져야 합니다.

이 믿음은 신념과는 다릅니다. 신념은 자기 자신을 신뢰의 대상으로 삼고 믿는 것입니다. 그러나 믿음은 신뢰의 대상이 자기가 아니라 하나님입니다. 그러므로 하나님께서 이루어 주실 것이라는 확신을 갖고 살아야 합니다.

성경은 "믿음은 바라는 것들의 실상이요 보이지 않는 것들의 증거"(히 11:1)라고 했습니다. 그렇습니다. 믿음은 우리가 바라는 것들에 대한 실물이며 보이지 않는 것들에 대한 증거입니다.

확실하게 믿음으로 승리하시기를 축복합니다.

2. 목표를 이루기 위해서는 부지런하고 게으르지 않아야 합니다.

목표를 성취하는 사람은 마음으로는 그 소원을 그리스도께서 이루어 주실 것을 확신하고 손발로는 열심히 뛰어야 합니다.

위대한 외교관이 되리라고 마음 먹은 사람이 영어 공부는 안 하고 오락실, 영화 구경만 하고 다닌다면 어떻게 되겠습니까?

위대한 화가가 되고자 하는 사람이 그림은 그리지 않고 공상만 한다면 그 꿈을 이루겠습니까?

야구선수, 성악가, 축구선수, 의사, 교사, 법관 등이 되고자 하는 사람이 그것을 이루기 위한 노력을 하지 않는다면 어떻게 되겠습니까?

좋은 신앙인이 되고자 하는 자가 성경을 읽지 않고 기도를 하지 않는다면 어떻게 좋은 신앙인이 될 수 있겠습니까?

본문 12절에 "게으르지 아니하고"라고 말씀합니다. 다른 성경은 "손을 게으르게 놀리는 자는 가난하게 되고"(잠 10:4), "게으른 자여 개미에게 가서 그가 하는 것을 보고 지혜를 얻으라"(잠 6:6)고 하였습니다.

김활란 여사는 63세 때 이대 총장을 그만두었습니다. 그후 그는 미국 유니온 신학교 2학기를 공부하고 강원도, 충청도에서 복음을 전하였습니다. 사실 그분은 첩의 딸로 태어났습니다. 그러나 결코 낙심하지 않았습니다. 그는 꿈을 갖고 부지런히 마지막 숨이 다하는 순간까지 자기에게 맡겨진 일에 최선을 다하였습니다.

그가 세상을 떠나려는 순간 이를 슬퍼하는 제자와 친구들에게 "여러분, 나는 최선을 다해 살아 왔습니다. 내가 죽거든 장송곡을 부르지 말고 할렐루야 코러스를 불러 주시오"라고 말하며 운명하였습니다.

소원은 하루아침에 이루어지는 것이 아닙니다. 열심히 일해야 합니다.

유명한 실존주의 철학자 키에르케고르는 이런 말을 하였습니다. 한 겨울날 수마일을 비행하기 위해서 한 마리 철새가 준비를 하고 있었습니다. 그 철새는 긴 여행을 위해서 우선 많이 먹고 충실한 영양을 섭취하였습니다. 그리고 그 철새는 '오늘 떠날까?' 하다가 '하루만 더 있다 떠나지' 생각하고 주저앉았습니다. 그러다 그는 떠나지 못하고 차가운 겨울바람을 맞이하게 되었습니다. 그가 떠나려고 날갯짓을 할 때는 이미 몸이 무거워져 제대로 날 수가 없었습니다. 그 철새는 결국 얼어 죽고야 말았습니다.

꿈이 있는 사람은 자신을 극복해야 합니다. 꿈이 있는 사람은 오늘의 유혹을 떨쳐버려야 합니다. 그리고 부지런히 일해야 합니다. 그런 은혜가 우리 금천의 성도 여러분에게 있기를 축복합니다.

3. 목표를 이루기 위해서는 오래 참아야 합니다.

커밍 워크라는 사람은 인간의 성공요인을 다음과 같이 말하였습니다.

"인간이 성공하기 위해서는 지능이 높고 지식이 있어야 하며 기술이 있어야 하고 올바른 태도를 가져야 한다."

그런데 그 중에서 가장 결정적인 영향을 주는 것은 태도라고 말하였습니다. 그는 인간의 성공요인의 93%는 태도라고 말하였습니다.

우리가 목표를 이루기 위해서는 그 무엇보다도 태도가 중요합니다. 참고 기다리는 태도가 중요하다는 말입니다.

본문 12절에 "오래 참음으로 말미암아"라고 하였습니다. 또 다른 성경은 "우리가 선을 행하되 낙심하지 말지니 포기하지 아니하면 때가 이르매 거두리라"(갈 6:9)고 가르쳐 주고 있습니다.

자동차 왕 헨리 포드는 농촌에서 태어나 16세에 디트로이트로가 유명한 에디슨이 세운 회사의 직공으로 들어가 열심히 일하였습니다. 그는 점점 인정을 받았습니다. 그러던 어느 날 그는 에디슨에게 질문을 하였습니다.

"가솔린이 기계를 돌리는 힘을 낼 수 있습니까?"

"예."

포드는 에디슨의 이 한 마디 대답에 할 수 있다는 확신을 가지고 자동차 엔진을 만들기 시작하였습니다. 그러나 첫 번째, 두 번째, 세 번째 실패하였고 그 뒤로도 계속 실패하여 여덟 번까지 실패하였습니다.

그러나 그는 결코 포기하지 않았습니다. 결국 13년 만에 자동차 엔진을 만들고야 말았습니다.

목표가 분명한 사람은 아무리 실패의 난관에 부딪힌다 할지라도 이를 이룰 때까지 결코 좌절하지 않습니다.

우리가 가난하다고, 학교 성적이 부진하다고, 가정 불화와 이혼 때문에, 미모, 인기, 지능이 없다고 좌절할 필요가 없습니다.

여러분에게 목표가 있습니까? 목표를 가지십시오. 위대한 비전을 가지십시오. 그리고 믿고 열심히 노력하며 실패를 극복하고 고난을 오래 참으며 나아가십시오. 여러분의 꿈은 반드시 성취될 날이 오고야 말 것입니다.

본문은 말씀합니다.

"우리는 여러분이 이와 같은 열심히 희망에 대한 확신

을 끝까지 간직하기를 바랍니다. 그러므로 게으르지 말고 믿음과 인내로 약속된 것을 받는 사람들을 본받으십시오."

여러분의 꿈과 목표를 이루기 위하여 포기하지 말고 인내로써 최선을 다하여 경주하시기 바랍니다. 분명히 하나님께서 도와주실 것입니다. 꿈을 꾸고 꿈을 이루는 우리 금천의 성도 여러분이 다 되시기를 진심으로 축복합니다.

실패를 교훈으로 삼는 사람입니다

이스라엘 자손들이 온전히 바친 물건으로 말미암아 범죄하였으니 이는 유다 지파 세라의 증손 삽디의 손자 갈미의 아들 아간이 온전히 바친 물건을 가졌음이라 여호와께서 이스라엘 자손들에게 진노하시니라 여호수아가 여리고에서 사람을 벧엘 동쪽 벧아웬 곁에 있는 아이로 보내며 그들에게 말하여 이르되 올라가서 그 땅을 정탐하라 하매 그 사람들이 올라가서 아이를 정탐하고 여호수아에게로 돌아와 그에게 이르되 백성을 다 올라가게 하지 말고 이삼천 명만 올라가서 아이를 치게 하소서 그들은 소수이니 모든 백성을 그리로 보내어 수고롭게 하지 마소서 하므로 백성 중 삼천 명쯤 그리로 올라갔다가 아이 사람 앞에서 도망하니 아이 사람이 그들을 삼십육 명쯤 쳐죽이고 성문 앞에서부터 스바림까지 쫓아가 내려가는 비탈에서 쳤으므로 백성의 마음이 녹아 물같이 된지라 _ (수 7:1~5)

❧ 야구라는 경기가 탄생한 이래 이제까지 가장 많이 삼진 아웃을 당한 선수가 누구인 줄 아십니까? 베이브 루스입니다.

그렇다면 그는 사상 최악의 삼진 아웃 타자일까요? 아니면 사상 최고의 홈런왕일까요? 그는 통산 755홈런을

친 전설적인 인물입니다. 그런데 그가 홈런왕이 되기까지는 삼진 아웃의 전문가였습니다. 삼진 아웃이라는 실패의 쓴잔이 없었다면 어떻게 전설적인 홈런왕이 될 수가 있었겠습니까? 실패라는 경험이 그를 승리하게 만든 것입니다.

발명왕 에디슨 역시 전구 하나를 발명하기까지 400번이 넘는 실패를 경험했습니다. 그러나 그는 "400번의 실험은 결코 실패가 아니었다. 나는 단지 그렇게 해서는 전구가 만들어질 수 없다는 400가지의 사례를 발견한 것뿐이다"라고 말했습니다.

이 말은 도전과 실패가 없다면 승리도 없다는 것입니다. 문제는 실패를 어떻게 받아들이느냐 하는 것입니다.

누군가 실패와 경험의 차이를 말하면서 실패는 그냥 잘못된 것이고, 경험은 실패를 통해서 얻은 교훈이라고 말한 적이 있습니다. 정말 명쾌한 정의인 것 같습니다.

그러나 우리가 꼭 알아야 할 것은 이들처럼 실패를 딛고 성공한 사람들이 5%에 불과하다는 사실입니다. 실패하는 사람들의 대부분은 똑같은 실패를 거듭합니다.

성공과 실패를 가르는 요인이 무엇일까요? 승리하는 사람은 자신의 실패를 떳떳이 인정하고 공개하는 것이 다릅니다. 그래서 호미로 막을 것을 가래로 막는 실수를 하지 않습니다.

사람들은 누구나 자신의 실수나 잘못을 가능한 한 다른 사람에게 보이지 않으려 합니다. 그래서 문제가 있을 때에 은근슬쩍 넘기려 합니다. 가령 "잘못하긴 했지만 이건 이러저러한 상황 때문에 어쩔 수 없었다" 하는 식입니다.

이런 사람에게는 미래가 없습니다. 1%라도 자신에게 책임이 있다면 그것이 무엇 때문이었는지 스스로 명확하게 알고, 깨닫고, 개선책을 찾아내야 똑같은 실수를 반복하지 않습니다.

어떤 상황이 닥치든 철저하게 반성하고, 개선책을 내고, 그 아이디어를 실천하는 과정에서 승리가 이루어지는 것입니다. 자신의 실패를 인정하고 학습하는 습관을 길들이는 것이 정말 승리하는 사람에게는 중요합니다.

무엇을 길들여야 할까요?

첫째, 자기가 무엇을 모르는 건지 모르는 것도 잘못입

니다. 잘못을 알아야 합니다.

둘째, 무엇이든지 깐깐하게 돌아보아야 합니다. 대충대충은 안 됩니다.

셋째, 틀린 문제는 절대로 다시 틀리지 말아야 합니다. 계속 틀린다는 것은 확인도 잘못되었다는 것이며, 노력을 안 한다는 것입니다.

넷째, 더 나은 일을 보기 위하여 프로세스를 적어두는 제안 노트를 만들어야 합니다.

일본의 토요타 자동차의 직원들은 누구나 자신의 실패 노트를 철저히 작성하고 학습 자료로 삼는 한편 개선 제안까지 연결시킨다고 합니다. 더 나아가 이 실패 노트는 모든 직원에게 공개되어서 직원 전체가 서로 공유한다고 합니다.

미국의 영화감독인 우디 앨런은 "한 번도 실패하지 않는다는 것은 새로운 일을 전혀 시도하지 않고 있다는 증거다"라고 말했습니다.

실패는 두려운 것입니다. 그러나 실패를 교훈으로 삼는 사람에게는 실패가 결코 두려운 것만은 아닙니다. 실패는 성공의 어머니이기 때문입니다. 성공보다 실패가 더 큰 성공의 원동력이 될 수 있기 때문입니다.

우리 금천의 성도들은 실패를 두려워하지 않고 실패를 딛고 일어나는 승리의 주인공이 되시기를 축복합니다.

이스라엘 백성이 요단강을 건너 여리고 성을 함락한 것은 하나님의 축복 속에서 이루어낸 기적 같은 놀라운 승리였습니다. 그런데 그 다음의 아이 성은 얼마 전에 무너뜨린 여리고 성에 비하면 아무것도 아니었습니다. 그러나 아이 성과의 싸움에서 이스라엘은 창피할 정도로 무참하게 패배했습니다. 그 이유가 무엇일까요?

우리는 본문에서 다음과 같은 큰 교훈을 얻어 승리하는 주인공이 되어야 합니다.

1. 자만심이 패배로 만듭니다.

우리가 인생을 살면서 성공하는 그 순간이 우리의 삶에 있어서 가장 무서운 위기일 수도 있다는 사실을 기억해야 하겠습니다. 그래서 성경은 경고합니다.

"선 줄로 생각하는 자는 넘어질까 조심하라"(고전 10:12).

이스라엘 백성은 아이 성을 공격하기 전에 먼저 정탐꾼을 보내었습니다. 그들이 다녀와서 보고했습니다.

"여호수아에게로 돌아와 그에게 이르되 백성을 다 올라가게 하지 말고 이삼천 명만 올라가서 아이를 치게 하소서 그들은 소수이니 모든 백성을 그리로 보내어 수고롭게 하지 마소서"(3절).

이 말은 "우리가 난공불락의 여리고 성을 무너뜨렸는데 이 작은 아이 성쯤이야 문제가 있겠습니까? 모든 군대를 동원할 필요가 없다고 생각합니다. 그저 이삼천 명만 보내면 아이 성은 끝장납니다"라는 말과 같은 것입니다.

이러한 태도는 우리에게 무엇을 말해 주고 있습니까?

여러분, 여리고 성의 전투 장면을 기억해 보세요. 그들은 하나님을 신뢰했습니다. 그리고 하나님께 기도드렸습니다. 그들은 하나님이 주시는 말씀을 따라서 걸음을 옮기기를 원했습니다.

그런데 안타깝게도 여리고 성을 공격할 때처럼 아이 성을 공격할 때에도 이스라엘 백성들이 기도하였다는 기록은 없습니다. 하나님의 말씀을 받았다는 기록도 없습니다. 자만심이란 것이 이처럼 무서운 오해를 불러일으킵니다.

그들이 여리고 성을 공격할 때에는 자기 힘으로는 도저히 무너뜨릴 수 없다고 생각했습니다. 그래서 그들은 정성껏 기도했습니다. 하나님의 말씀을 간절히 구했습니다. 그런데 사람의 힘으로는 도저히 불가능하다고 생각한 것이 성취되는 것을 그들의 눈으로 목격했습니다.

그 일이 성취된 후 그들이 '우리는 엄청난 일을 해내었는데 이까짓 아이 성쯤이야' 하는 생각을 한 것이 문제입니다. 그들은 여리고 성을 자기들의 힘으로 무너뜨렸다는 생각을 그들도 모르는 사이에 하고 있었습니다.

승리 후에 오는 자만심 때문에 그들은 하나님을 잊어버렸습니다. 자기 힘으로 이 일을 성취했다는 오만한 마음 때문에 그들은 넘어진 것입니다.

그러므로 우리는 언제나 승리 이후를 조심해야 합니다. 응답 이후를 조심해야 합니다. 성취 이후를 조심해야 합니다. 나를 둘러싼 모든 환경이 내 마음대로 되어질 그때가 내 삶의 가장 무서운 위기가 될 수 있다는 사실을 명심해야 합니다.

저는 몇 달 전에 갑자기 눈물이 나면서 하나님의 은혜가 얼마나 감사한지 여러 가지를 감사드린 적이 있습니다.

나처럼 부족한 사람이 개척을 하여 여기까지 오게 하신 하나님의 은혜가 얼마나 큰가에 대한 감사기도였습니다. 모든 것이 하나님의 은혜였습니다.

교인 한 명도 없는 데서 이만큼 성장하게 하신 것도 전적인 하나님의 은혜입니다. 우리 금천의 성도들에게 전도의 열정을 주신 것도 하나님의 은혜입니다. 교회가 평안하여 든든히 서가는 것도 하나님의 은혜입니다. 우리 교회의 장로님들이나 모든 성도님들이 종의 목회를 도와서 순종하고 협력하는 것도 하나님의 은혜입니다. 이 모든 것 중에 어느 것 하나도 하나님의 은혜가 아닌 것이 없습니다.

그러면서 생각나는 것은 이렇게 잘 될 때에 더 겸손하고 순종해야겠다는 마음이었습니다. 혹시나 내가 자만하고 교만한 것이 없는가 하고 나 자신을 살피게 되었습니다. 그런 시간을 갖게 된 것이 더욱더 감사한 일이었습니다. 앞으로 더욱 겸손하고 순종하는 마음을 달라고 하나님께 간절하게 기도를 드렸습니다.

자만은 교만한 것입니다. 하나님은 겸손한 사람의 편이십니다. 그러므로 내가 잘 나갈 때에 더욱더 자신을 살피고 익을수록 고개를 숙이는 벼 이삭 같은 겸손이 우리에게 있어야 합니다.

우리 금천의 성도들은 잘될 때일수록 더욱더 자신을 살피고 겸손하여 하나님의 은혜로 더 큰 승리를 맛보는 주인공이 되어야 합니다. 하나님은 그런 사람들의 편이 되어 주십니다. 자만하지 말고 겸손하여 모두 승리의 주인공이 되시기를 축복합니다.

2. 죄가 있을 때에 패배로 만듭니다.

본문 1절에서 이렇게 말씀합니다.

"이스라엘 자손들이 온전히 바친 물건으로 말미암아 범죄하였으니 이는 유다 지파 세라의 증손 삽디의 손자 갈미의 아들 아간이 온전히 바친 물건을 가졌음이라 여호와께서 이스라엘 자손들에게 진노하시니라."

이 본문을 보면 이스라엘 군대가 왜 실패했나를 잘 알 수 있습니다. 이스라엘 군대 가운데 하나님의 명령을 어긴 사람이 있었습니다. 하나님은 먼저 그들에게 경고하셨습니다. 여리고 성을 무너뜨린 후에 그 성에서 얻은 모든 전리품은 아무것도 손대지 말라고 하였습니다.

그런데 아간이란 사람이 욕심을 품고 하나님 앞에 바칠 물건을 도둑질했습니다. 그 결과는 엄청났습니다. 그 한 사람 때문에 이스라엘 민족 전체가 패배하게 된 것입니다.

오늘 우리도 나 하나의 행동이 우리 교회나 우리 민족 전체에 어떤 영향을 미칠 것인가 하는 데 대해서 생각한다면 모든 것이 달라질 것입니다. 나의 범죄는 우리의 범죄입니다. 내가 쓰러질 때 나 한 사람이 쓰러지는 것이 아니라 우리 모두가 쓰러집니다. 아간이 자기 한 사람의 욕심을 채우기 전에 자기 민족을 생각했다면 이스라엘 역사는 달라졌을 것입니다.

이스라엘 백성이 가나안에 들어온 이후에 한 번의 성공과 한 번의 실패를 경험하였습니다. 여리고 성을 성공적으로 정복한 후 아이 성에서 참패를 당한 것입니다. 아이 성 전투에서 참패한 후에 그들의 비참한 심경을 성경은 이렇게 잘 묘사하고 있습니다.

"아이 사람이 그들을 삼십육 명쯤 쳐죽이고 성문 앞에

서부터 스바림까지 쫓아가 내려가는 비탈에서 쳤으므로 백성의 마음이 녹아 물같이 된지라"(5절).

한 사람 아간의 범죄로 인하여 이스라엘 백성의 간담이 녹을 정도로 참패를 당하였습니다. 죄가 이렇게 무서운 것입니다.

유대인을 600만이나 학살한 나치의 괴수 히틀러의 잔인성은 천하가 다 아는 것입니다. 그런데 왜 히틀러가 그러한 독재자가 되었을까요? 히틀러가 어렸을 적에 그의 아버지는 상인으로서 한번 집을 나서면 한 달이나 두 달 동안 집을 비울 때가 종종 있었습니다.

그런데 히틀러의 아버지가 없는 것을 기회 삼아 이웃집에 살고 있던 한 유대인이 자주 놀러 왔다고 합니다. 그리고 어느덧 히틀러의 어머니와 그 유대인은 불륜관계를 맺고 말았습니다. 이것을 본 히틀러는 어릴 때부터 유대인에 대한 복수심을 불태웠다고 합니다.

결국 그 유대인 한 사람의 범죄가 히틀러로 하여금 대량 학살을 자행케 하는 끔찍한 죄악의 뿌리로 작용했던 것입니다.

죄의 결과가 이렇게 큰 것입니다. 그러므로 우리는 믿음생활을 하면서 내가 죄를 짓고 있지 않는지 항상 살피는 믿음의 자세가 있어야 합니다.

죄는 육신도 망하게 합니다. 심지어 영혼도 망하게 합니다. 하나님과 멀어지게 만드는 것이 죄입니다. 그러므로 죄를 짓지 말아야 합니다.

하나님은 지금도 죄가 없는 깨끗한 사람을 찾아서 사용하십니다. 그러므로 죄를 두려워하여 오늘의 아간과 같은 사람이 되지 않기를 간절한 마음으로 축복합니다.

3. 진정한 회개는 새로운 축복의 기회가 됩니다.

이스라엘 백성들에게 있어서 한 사람의 범죄는 민족적인 커다란 비극을 가져왔습니다. 그러나 패배의 직접적인 원인이었던 아간이 제거되자마자 하나님은 이스라엘 백성을 통하여 이루고자 하셨던 일을 다시 시작하셨습니다. 하나님은 다시 그의 백성들에게 위로와 회복의 메시지를 주셨습니다.

본문을 보면 여호수아의 기도가 나옵니다.

"이르되 슬프도소이다 주 여호와여 어찌하여 이 백성을 인도하여 요단을 건너게 하시고 우리를 아모리 사람의 손에 넘겨 멸망시키려 하셨나이까……주여 이스라엘이 그의 원수들 앞에서 돌아섰으니 내가 무슨 말을 하오리이까 가나안 사람과 이 땅의 모든 사람들이 듣고 우리를 둘러싸고 우리 이름을 세상에서 끊으리니 주의 크신 이름을 위하여 어떻게 하시려 하나이까"(수 7:7~9).

여호수아는 "주의 크신 이름을 위하여 어떻게 하시려 하나이까?" 하는 하나님의 영광을 위한 기도를 합니다. 하나님은 이 기도를 들으셨습니다. 그리고 이렇게 말씀하십니다.

"여호와께서 여호수아에게 이르시되 일어나라 어찌하여 이렇게 엎드렸느냐"(수 7:10) 하면서 일으켜 세우십니다. 다시 용기를 주십니다. 그리고 다시 올라가서 승리의 기쁨을 맛보게 하십니다.

여기서 우리가 알아야 할 중요한 것은 하나님은 결코 한 번의 실수나 과오 때문에 우리를 완전히 포기하는 분이 아니시라는 것입니다.

마치 요나서에 "여호와의 말씀이 두 번째 요나에게 임

하나니라"고 한 것처럼 요나에게 고래 뱃속에서도 회개할 기회를 주셨습니다.

우리가 하나님을 버려도 하나님은 우리를 버리지 않습니다. 이것이 하나님의 사랑입니다. 지금 실패의 자리에 있는 분이 있다면 이 하나님의 사랑을 알고 용기를 가지시기 바랍니다.

하나님은 실패의 경험에서 오히려 값진 교훈을 배워 주님께 돌아오기를 기다리고 계십니다. 이 하나님의 사랑을 알고 낙심하지 말고 다시 돌아오는 은혜가 있기를 축복합니다.

어떤 사람이 링컨 대통령에게 물어 보았습니다.

"대통령께서 이처럼 놀라운 성공을 하시고 많은 사람으로부터 존경을 받는 비결이 무엇이라고 생각하십니까?"

링컨은 이렇게 말했습니다.

"그것은 간단합니다. 저는 실패를 많이 경험했기 때문입니다."

이 말을 다른 말로 하면 그는 실패를 통해서 교훈을 얻어 더 큰 시도를 할 수 있었다는 것입니다. 그는 이렇게 말했습니다.

"내가 실패할 때마다 마귀는 끝장났다고 내게 말했습니다. 그러나 내가 실패할 때 하나님은 이 실패의 경험을 가지고 더 커다란 일에 도전하라고 말씀하셨습니다. 나는 마귀의 말보다 하나님의 말씀에 귀를 기울였습니다."

참으로 귀한 말입니다. 실패했지만 승리하는 사람은 마귀의 말을 듣는 것이 아니라 하나님의 말씀을 듣는 지혜가 있습니다.

우리의 인생은 항상 밝은 날만 있는 것이 아닙니다. 때로는 구름도 끼고, 비도 오고, 소낙비도 쏟아지고, 천둥도 칠 날이 있습니다. 그때마다 낙심하지 않고 재무장하여 새로운 출발을 하는 사람이 되어야 합니다.

실패할 때 다 끝났다고 생각하는 사람은 마귀의 말을 듣는 사람입니다. 실패를 거울삼아 새롭게 다시 도전하는 사람이 하나님의 사람입니다.

정말 여러분이 승리의 주인공이 되기를 원하십니까? 그러면 실패를 잘 점검하여 승리로 바꾸는 지혜자가 되어야 합니다. 하나님은 그런 사람의 편이십니다. 실패를 교훈삼아서 새로운 승리의 주인공이 되시기를 축복합니다.

끈질긴 사람입니다

그들이 여리고에 이르렀더니 예수께서 제자들과 허다한 무리와 함께 여리고에서 나가실 때에 디매오의 아들인 맹인 거지 바디매오가 길가에 앉았다가 나사렛 예수시란 말을 듣고 소리 질러 이르되 다윗의 자손 예수여 나를 불쌍히 여기소서 하거늘 많은 사람이 꾸짖어 잠잠하라 하되 그가 더욱 크게 소리 질러 이르되 다윗의 자손이여 나를 불쌍히 여기소서 하는지라 예수께서 머물러 서서 그를 부르라 하시니 그들이 그 맹인을 부르며 이르되 안심하고 일어나라 그가 너를 부르신다 하매 맹인이 겉옷을 내버리고 뛰어 일어나 예수께 나아오거늘 예수께서 말씀하여 이르시되 네게 무엇을 하여 주기를 원하느냐 맹인이 이르되 선생님이여 보기를 원하나이다 예수께서 이르시되 가라 네 믿음이 너를 구원하였느니라 하시니 그가 곧 보게 되어 예수를 길에서 따르니라 _ (막 10:46~52)

❧ 당나라의 《당서 (唐書)》라는 책의 "문원전(文苑傳)"에 나오는 이야기입니다.

당나라 시인 이백은 젊은 시절 훌륭한 스승을 찾아 입산하여 공부했습니다. 그러나 중도에 그만 싫증이 나서 아무 말 없이 산을 내려왔습니다. 계곡의 어느 시냇가에 이르렀을 때에 그는 한 노파를 만났습니다. 노파는 바위 위에서 열심히 도끼를 갈고 있었습니다. 이백이 노파에게 물었습니다.

"지금 뭘 하고 계신건가요?"

"도끼를 갈아서 바늘로 만들려 하네."

"아니 도끼를 간다고 바늘이 되겠습니까?"

"중도에 그만두지만 않는다면 될 수 있지."

이 말을 들은 이백은 문득 깨달은 바가 있어서 다시 산으로 올라가 공부를 계속했다고 합니다.

이 말은 한문으로 "마부작침(磨斧作針)"이라는 말입니다. 즉 "도끼를 갈아서 바늘로 만든다"는 말이 이렇게 해서 유래되었다고 합니다.

이 세상의 그 어느 것도 강한 의지를 대신할 수는 없습니다. 재능보다 앞서는 것이 열정과 의지이며 끈기입니다. 실제로 성공하지 못한 사람들이 공통적으로 갖고 있는 것 중 하나가 바로 끈기가 없다는 것입니다.

맥도날드의 창업자인 레이 크록이라는 사람은 이런 말을 했습니다.

"노력하라. 끈기를 대신할 수 있는 것은 이 세상에 아무것도 없다. 재능도 그것을 대신하지 못한다. 성과 없는 천재성은 한낱 유희에 지나지 않는다. 교육으로도 그것을 대신하지 못한다. 이 세상은 온통 박식한 직무유기자들로 가득 차 있다. 오직 인내와 결단만이 놀라운 힘을 갖고 있다."

승리는 하루아침에 오는 것이 아닙니다. 어느 순간까지 반전이 너무나 어렵고 더디고 힘겨운 것처럼 느껴지지만 그 순간을 이겨내고 나면 비약적으로 성장하게 됩니다.

마치 나이테가 생겨나서 나무의 밑동이 부쩍 자라듯이 이 성장의 사이클은 1년, 3년, 5년, 10년이라는 획을 긋고 찾아옵니다. 아무것도 하지 않는데 어느 날 갑자기 하늘에서 떨어지는 것이 아닙니다. 피나는 노력과 끈질긴 인내의 결과로 찾아오는 것입니다.

벤자민 프랭클린은 "천재는 단지 인내하는 습관을 기른 사람일 뿐이다"라고 말했습니다. 조지 불랑쉬라는 사람도 "우표처럼 되어야 한다. 끈기 있게 달라붙어야 원하는 것을 얻을 수 있다"라고 말했습니다.

그렇습니다. 성공하는 사람과 실패하는 사람의 차이는

한 가지입니다. 얼마나 끈질긴가 하는 것입니다. 한 가지 일이라도 끝까지 하겠다고 하는 사람은 승리하지만 중간에 포기하는 사람은 패배의 주인공이 됩니다.

"동물의 왕국"을 보면 힘이 제일 센 동물이 사자나 호랑이입니다. 이 동물들은 다른 동물을 잘 잡아먹습니다. 그런데 잘 잡았는데도 먹다가 빼앗길 때가 많습니다. 힘이 세기 때문에 빼앗길 수 없다고 생각할지 모르지만 의외로 빼앗길 때가 많습니다.

그 빼앗는 동물이 하이에나입니다. 하이에나는 의외로 아주 끈질긴 데가 있습니다. 사자가 으르렁대면 도망을 갔다가 다시 옵니다. 올 때에는 혼자 오는 것이 아니라 다른 친구까지 데리고 옵니다. 이렇게 하기를 몇 번이고 반복하다 보니 결국 사자가 나중에는 잡아놓은 사냥감을 놓고서 그냥 갑니다. 그때에 하이에나가 모조리 먹어치우는 것입니다. 끈질긴 것이 결국 승리하는 것을 보여줍니다.

우리 인생도 마찬가지입니다. 끈질긴 사람만 승리하게 되어 있습니다. 그래서 자녀들에게 모든 일을 할 때에 끈질기게 하는 것을 가르쳐야 합니다. 공부도 끈질기게 하는 습성을 심어주어야 합니다. 무슨 일을 하든지 끈질기게 하는 것을 가르쳐 주어야 합니다. 그런 아이가 인생의 주역이 될 수가 있습니다.

부탁합니다. 우리 금천의 사람들은 무슨 일을 하든지 끈질긴 사람이 되시기를 바랍니다. 끈질기게 물고 늘어져서 승리의 주역이 되시기를 축복합니다.

그러면 우리가 무엇에 그렇게 끈질겨야 할까요?

1. 기도가 끈질겨야 합니다.

오늘 본문을 보십시오. 바디매오라는 사람은 기어이 기도 응답을 받고 마는 사람이었습니다. 그는 핸디캡이 많은 사람이었습니다. 맹인이었습니다. 거기다가 매일 구걸을 하여 먹고 사는 거지였습니다. 그러나 그가 취한 행동은 예수님을 감동시켰습니다.

그가 앉아 있는 동네에 예수님이 지나가신다는 이야기를 듣고 나를 불쌍히 여겨 달라고 소리를 질렀습니다. 그러자 많은 사람들이 그를 꾸짖었습니다. 이 말은 너 같은 거지가 무슨 일을 한다고 이렇게 야단을 떨고 있느냐 하는 조소와 멸시에서 나온 말이었습니다. 그러나 그는 이런 말에 아랑곳하지 않았습니다.

우리가 신앙생활을 바르게 하려고 할 때에 주변의 많은 시선들이 나를 이상하게 보는 것처럼 생각될 때가 있습니다. 그러나 그것은 주님의 마음이 아닙니다. 우리 주님은 언제나 주님을 찾고 매달리는 사람을 제일로 기뻐하십니다. 그러므로 신앙생활을 방해하는 어떤 요소라도 이기는 사람을 주님은 만나주십니다. 응답해 주십니다.

본문의 바디매오는 주변의 사람들이 한 목소리로 잠잠하라고 야단을 쳤지만 그는 응답을 받기 위하여 가만히 있을 수가 없었습니다. 그래서 더욱더 소리를 질렀다고 성경은 말씀하고 있습니다. 이 자세가 우리에게는 절대적으로 필요합니다.

응답을 받는 사람과 응답을 받지 못하는 사람의 차이는 한 가지입니다. 얼마나 끈질기냐 하는 한 가지입니다. 응답을 받는 사람은 끈질긴 사람입니다. 기어이 내가 응답을 받고야 말겠다는 마음의 각오를 갖고 응답받을 때까지 매달리는 사람이 기어이 응답을 받게 됩니다.

성경을 보면 기도에 대한 이야기가 많이 나옵니다. 그 많은 기도 이야기 중에 우리 주님의 기도 이야기를 말하지 않을 수 없습니다.

"예수께서 힘쓰고 애써 더욱 간절히 기도하시니 땀이 땅에 떨어지는 핏방울같이 되더라"(눅 22:44).

여기에 "간절히"라는 말씀이 있습니다. 이 말은 "부지런히, 열렬하게, 진지하게"라는 말로 표현할 수 있습니다. 예수님도 이렇게 열렬하고 진지하게 기도하셨다면 우리의 기도하는 태도와 삶은 어떻게 해야 하는가를 가히 짐작할 수가 있습니다.

우리가 기도하는 이유는 두 가지입니다.

첫째, 하나님의 뜻을 알기 위해서입니다. 나를 향한 하나님의 뜻을 발견하는 것이 신앙의 근본입니다. 그렇기 때문에 간절하게 기도해야 합니다.

우리 예수님도 십자가를 지시는 것이 얼마나 고통스러웠으면 "할 수만 있으면 이 잔을 옮겨 달라"고 하셨겠습니까? 그러나 십자가를 지는 것이 하나님의 뜻이기 때문에 예수님은 아무 말씀도 없이 십자가의 제물로 돌아가신 것입니다.

오늘 우리도 주님의 뜻이라면 무엇이든지 못하겠습니

까? 그 주님의 뜻을 바로 알기 위하여 끈질기게 기도해야 합니다.

둘째, 응답을 받기 위해서입니다. 여러분이 인생을 살면서 기도하는 제목이 있을 것입니다. 그 기도 제목에 대해 어떻게 해서든 응답을 받아야 합니다. 그래야 승리하는 사람이 되기 때문입니다.

1837년 6월 18세 나이로 영국 여왕이 된 소녀가 있었습니다. 어린 나이에 여왕이 되었다는 소식을 처음 들은 소녀는 어떤 반응을 보였을까요? 기록에 따르면 그녀는 가장 먼저 기도했다고 합니다. 그녀는 곧바로 무릎을 꿇고 하나님께서 영국을 인도해 주시고 자신을 도와 주실 것을 위하여 간절히 기도했습니다.

이 소녀가 64년 동안 대영제국을 이끈 빅토리아 여왕입니다. 영국은 이 기간에 눈부시게 발전했습니다. 이때 산업혁명을 통한 경제 도약과 의회민주제도가 이루어졌습니다. 특히 도덕성과 예절이 강조되는 문화가 확산되었습니다. 빅토리아 여왕은 그런 영광의 상징이었습니다.

어느 날 인도의 한 왕자가 빅토리아 여왕을 접견한 자

리에서 "번영하고 있는 영국의 비결이 무엇입니까? 그 능력은 어디에서 나옵니까?"라고 물었습니다. 미소를 띤 여왕은 탁자 위에 놓여 있던 한 권의 책을 집어 들었습니다. 바로 성경책이었습니다. 그러면서 그는 이렇게 말했습니다.

"이것이 그 비결입니다. 나는 이 성경 말씀대로 살려고 했으며 기도하라고 한 대로 기도했을 뿐입니다."

사랑하는 금천의 성도 여러분! 기어이 우리는 응답을 받아야 합니다. 그리고 영광을 하나님께 돌려야 합니다. 그러기 위해서 할 것이 무엇입니까? 끈질긴 기도입니다. 하나님은 끈질긴 기도의 사람 앞에서는 사랑으로 찾아오시는 분입니다.

우리 금천의 성도들은 어떤 일이 있어도 끈질긴 기도의 사람이 되어 승리하는 주인공이 다 되시기를 축복합니다.

2. 영혼을 건지는 전도가 끈질겨야 합니다.

오늘 본문을 보십시오. 바디매오도 예수님에게 아주

끈질기게 다가오지만 반대로 예수님께서도 바디매오에게 얼마나 끈질기게 찾아오시는가를 알 수 있습니다.

본문을 보면 예수님은 가던 길에 머물러 서서 "그를 부르라"고 하십니다. 제자들이 불러옵니다. 그러자 바로 이때다 하고 바디매오가 달려옵니다. 이 모습을 보고 예수님은 "네게 무엇을 하여 주기를 원하느냐?" 하면서 결국 눈을 뜨게 해주셨습니다.

우리는 본문에서 바디매오만 열심인 것처럼 생각을 합니다. 그러나 우리 예수님도 한 영혼을 건지시기 위하여 이렇게 열심히 찾으시는 것을 본다면 오늘 우리는 예수님과 같은 끈질긴 마음과 태도로 한 영혼을 건져야 합니다.

예수님이 이 땅에 사람이 되어 오신 이유는 한 가지입니다. 죄인을 의인으로 만들어서 지옥이 아니라 하나님의 나라에 보내려는 한 가지 이유 때문입니다.

그래서 성경은 이렇게 말씀합니다.

"이르시되 우리가 다른 가까운 마을들로 가자 거기서도 전도하리니 내가 이를 위하여 왔노라 하시고 이에 온 갈릴리에 다니시며 그들의 여러 회당에서 전도하시고 또 귀신들을 내쫓으시더라"(막 1:38~39).

이것이 예수님이 이 땅에 오신 이유입니다. 예수님이 십자가에 달리신 이유입니다. 부활하신 이유입니다. 그리고 다시 재림하실 이유입니다.

그러므로 오늘 우리도 전도가 그렇게 소중한 것을 알고 끈질기게 전도해야 합니다.

사도행전에서 제자들은 이렇게 말합니다.
"우리는 오로지 기도하는 일과 말씀 사역에 힘쓰리라 하니"(행 6:4).

예수님만이 아니라 예수님의 제자들도 예수님과 똑같았습니다.

그렇다면 예수님을 믿고, 고백을 하고, 예수님을 따르는 여러분과 제가 해야 할 일이 무엇입니까? 오직 제자들처럼 기도 열심히 하면서 끈질기게 전도해야 합니다.

전도하다가 어려움도 많을 것입니다. 욕을 얻어먹기도 할 것입니다. 멸시와 천대를 받기도 할 것입니다. 그러나 예수님을 생각한다면 그런 것쯤이야 얼마든지 기쁘게 여기면서 이겨나가는 사람이 되어야 합니다.

삼성생명에서 '자랑스러운 삼성인'의 상을 받은 사람이 있습니다. 송정희라는 팀장입니다. 남편의 사업 부도로 보험업계에 뛰어들었습니다. 처음에는 아는 사람을 찾아다니면서 도움을 받았습니다. 그러나 얼마간의 시간이 흐르자 두드릴 곳이 없었습니다. 낙심했습니다. 그때에 세일즈 교육을 받았습니다. 거기서 배운 것이 끈기였습니다.

이분의 지론은 "열 번 가서 안 되면 열한 번 가자"입니다. 그리고 반경 1미터 이내에서 만나는 모든 사람을 고객으로 만든다는 것이었습니다. 그는 지금은 "117번을 찾아가면 어떤 고객도 내 사람으로 만들 수 있다"고 하면서 끈기 하나만을 가지고 뛰고 있습니다.

끈기 있는 사람을 당할 사람은 아무도 없습니다. 끈질긴 것이 승리의 사람이 되는 지름길입니다.

세상에서 자동차를 팔고, 보험을 세일하는 사람들도 이렇게 끈질긴 것을 볼 수 있습니다. 그래서 보험왕, 자동차 판매왕이 되는 것입니다.

세상일도 그렇게 하는데 하물며 하나님의 일이요 영적인 일인 전도를 하는 일에는 그 사람들보다도 더 끈질기게 물고 늘어져야 합니다. 그것이 하늘나라 백성의 특징입니다. 그래서 주님은 이렇게 말씀하십니다. "천국은 침노하는 사람의 것이다"라고 말입니다.

불신 남편을 진돗개 전도왕으로 만든 정은숙 권사의 이야기입니다.

그는 "하나님, 제발 남편 좀 붙잡아 주세요. 그이가 주님을 영접할 때까지 절대로 아침을 먹지 않겠습니다" 하면서 기도했습니다. 남편은 "예수를 믿으려면 차라리 나를 믿어라, 성경 볼 시간 있으면 신문을 읽어라, 내가 예수를 믿을 때까지만 살면 당신은 오래 살거다"라고 하였습니다. 불신 남편의 독설에 여인의 눈에서는 눈물이 마를 날이 없었습니다.

권사님은 "하나님은 제 마음을 아시지요? 제 남편을 좀 붙잡아주세요"라고 단 하루도 거르지 않고 남편을 위해 기도했습니다. 새벽기도회에 참석하고 돌아와 조금이라도 피곤한 기색을 보이면 남편의 불호령이 떨어졌습니다. 남편은 이혼하자는 말을 아예 입에 달고 살았습니다.

권사님은 매주 헌금봉투에 남편의 이름을 적어 헌금했

습니다. 남편을 불신자가 아닌 '예비된 백성'으로 생각했기 때문입니다.

2002년, 남편은 지방선거 출마를 선언했습니다. 이때 용기를 내어 말했습니다. 선거에 출마하는 대신 예수를 믿어야 한다고 말입니다. 남편은 건성으로 "예스"라고 대답했습니다.

2002년 2월 3일. 드디어 남편이 교회에 출석했습니다. 남편을 위한 눈물의 기도가 20년 만에 응답된 순간이었습니다. 남편은 예수 믿는 재미에 흠뻑 빠져들더니 세상 기쁨을 공유했던 지인들을 모두 교회로 인도했습니다. 교회 나간 첫 해에 무려 750명을 교회로 인도하였습니다.

이 이야기는 한국 교회에 전도의 새 바람을 불러일으키고 있는 진돗개 전도왕 박병선 집사의 아내 정은숙 권사의 눈물겨운 간증입니다. 한 영혼을 위해 20년 동안 기도해온 정 권사의 스토리는 불신 남편을 둔 아내들에게 시사하는 바가 정말 큰 것입니다. 한 마디로 말하면 전도를 위해서는 영혼을 사랑하는 마음으로 끈질겨야 한다는 것입니다.

러시아의 문호이자 노벨 문학상을 수상한 솔제니친은 대학 다닐 때, 러시아 공산당 혁명사를 전공하고, 수십 년 동안 수백 권의 책을 낼 정도로 박학한 사람이었습니다. 그가 나중에 미국에 건너와서 1984년 템플턴 대학에서 이런 강연을 했습니다.

　"러시아 공산당 혁명이 일어나서 반세기 동안 6천 명이 넘는 인명이 죽어갔습니다. 가난에 시달리며, 비참하고 고통스런 삶을 살았습니다. 이 악마와 같은 공산주의 혁명, 이 비극이 왜 일어났을까요? 그것은 사람들이 하나님을 잊어버렸기 때문입니다."

　그러면서 하는 말이 "그러므로 우리는 어떤 어려움이 있어도 영혼을 건지는 전도는 끈질기게 해야 합니다"라고 말했다고 합니다.

　하나님을 잊어버렸기 때문에 오늘 공산당의 비극이 이 땅에 왔다는 것입니다.

　오늘 사회의 문제는 무엇 때문에 생겼습니까? 하나님을 잊어버렸기 때문에 문제가 생기는 것 아닙니까? 이제 하나님을 잊어버린 사람들에게 하나님을 다시 돌려드려야 합니다. 그렇기 때문에 전도해야 합니다.

이사야 11장을 보면 메시아 시대가 오면 이리와 어린 양이 함께 거한다고 했습니다. 이리와 어린 양이 함께 거하는 평화로운 세상, 표범이 어린 염소와 누워 있고, 송아지가 어린 사자와 함께 뒹구는 그런 평화의 세상이 올 것이라고 말씀합니다.

그런데 그 세상이 이루어지려면 조건이 있습니다. "이는 물이 바다를 덮음같이 여호와를 아는 지식이 세상에 충만할 것임이니라"(사 11:9)고 말씀하고 있습니다. 땅 끝까지 온 인류에게 복음이 증거될 때만 예수님이 재림하셔서 완전한 주님의 나라로 우리를 이끄실 수 있다는 것입니다.

그러므로 우리가 복음을 전하지 않는다면 메시아의 시대가 올 수 없습니다. 여호와를 아는 지식이 온 세상에 충만할 때 평화의 시대가 오는데 그러기 위해서는 오직 끈질긴 전도밖에 없습니다.

사랑하는 금천의 성도 여러분! 우리 한번 전도에 미쳐 봅시다. 끈질긴 전도자가 되어 봅시다. 하나님은 지금 그런 사람을 찾고 계십니다. 열심히 끈질기게 전도함으로 하나님의 눈에 발견되어 한 시대에 하나님께 사용되는 우리 금천의 성도 여러분이 되시기를 축복합니다.

근본이 된 사람입니다

예루살렘 교회가 이 사람들의 소문을 듣고 바나바를 안디옥까지 보내니 그가 이르러 하나님의 은혜를 보고 기뻐하여 모든 사람에게 굳건한 마음으로 주와 함께 머물러 있으라 권하니 바나바는 착한 사람이요 성령과 믿음이 충만한 사람이라 이에 큰 무리가 주께 더하여지더라 바나바가 사울을 찾으러 다소에 가서 만나매 안디옥에 데리고 와서 둘이 교회에 일 년간 모여 있어 큰 무리를 가르쳤고 제자들이 안디옥에서 비로소 그리스도인이라 일컬음을 받게 되었더라 _ (행 11:22~26)

❦ 안영이라는 사람은 춘추시대의 제나라 명신으로 그 재능과 능력이 출중해서 제나라를 천하의 강국으로 만드는 데 지대한 공헌을 한 사람입니다. 그런데도 그의 겸손한 언행은 공자에게도 미칠 정도여서 안자라는 명칭까지 붙여졌습니다.

어느 날 안영이 외출을 하게 되어 마차를 탔습니다. 네 필의 말이 끄는 안영의 마차가 지날 때마다 사람들은 길을 비키거나 엎드려 그에게 경의를 표했습니다. 그런데 마부는 마치 자기가 위대해진 듯 착각하여 목을 뻣뻣이 하고는 아주 위세 등등한 표정으로 말채찍을 휘두르고 있습니다.

마차가 집 앞을 지나간다는 소식을 들은 마부의 아내가 문틈으로 살며시 내다보았습니다. 재상인 안영은 몸을 앞으로 숙이고 다소곳이 앉아 있는데 남편은 마부 주제에 잘난 척하며 뽐내는 모습이 역겹기가 그지없었습니다.

마부가 집에 돌아왔을 때 아내는 남편에게 말했습니다.

"나는 당신을 떠나겠습니다."

느닷없이 아내의 선언에 마부는 깜짝 놀라 그 까닭을 물었습니다. 그러자 아내가 하는 말이 "내가 보니 당신의 주인께서는 키가 여섯 자도 못 되는 분이시지만 몸은 제나라의 정승이 되어 이름이 천하에 높습니다. 그런데도 그분은 항상 스스로 몸을 낮추고 계십니다. 하지만 당신은 키가 팔 척이나 되어도 몸은 남의 말이나 끄는 하인

인데 스스로 우쭐하여 거만하기가 이를 데가 없습니다. 당신 같은 사람과는 더 이상 살고 싶지 않습니다."

이에 마부는 아내에게 백배 사죄하고 다시는 거만하게 굴지 않기로 맹세를 하였다고 합니다.

얼마 뒤에 마부의 태도가 달라진 것을 알게 된 안영이 그 까닭을 물었습니다. 이에 마부가 자세하게 전말을 고하니 안영은 크게 기뻐하면서 마부를 대부(大夫)로 삼았다고 합니다.

이로써 "안자지어(晏子之御)", 즉 "안자의 마부"라는 말이 생겨났다고 합니다. 변변치 못한 지위나 재능을 믿고 우쭐대는 기량이 작은 사람을 일컫는 말입니다.

우리 속담에 이런 말이 있습니다.
"벼는 익을수록 고개를 숙인다."
"물은 깊을수록 소리가 없다."

그렇습니다. 돌이켜보면 보잘것없는 능력을 믿고 자만에 빠지고 우쭐댄 적이 얼마나 많았습니까? 경험이 쌓일수록, 알면 알수록 신중해지고, 겸손해지고, 책임감이 깊어질수록 마지막 한 뼘까지 고민하게 됨을 느끼게 됩니다.

혹시나 내가 경솔하여 놓친 것은 없는지, 더 좋은 대안이 있지는 않았는지 밤이 새도록 고민을 하게 됩니다. 그리고 많은 사람들에게 문제를 터놓고 공개적으로 고견을 구하기도 합니다.

문제는 적당히 알고 적당히 능력이 있을 때입니다. 자신이 턱없이 모자라는 사실을 아직 모르기 때문에 모든 일을 독선적으로 결정을 하기도 합니다.

이런 사람은 누가 무슨 말을 하기만 하면 기분이 상하여 금방 얼굴이 일그러지는 사람입니다. 아마 이런 모습이 오늘 나의 모습이 아닌가 생각을 해봅니다. 이 모든 것이 아직도 영글지 않았기 때문입니다.

더 쉬운 말로는 교만하기 때문입니다. 이런 사람들의 곁에는 언제나 사람다운 사람이 없습니다. 겉으로는 사람들이 따라주는 것 같지만 마음속으로는 그가 넘어지기를 바라고 있다는 것을 알아야 합니다.

그러다 보니 그에게 진심으로 충고해 주는 사람이 없습니다. '원래 잘나서 독선적으로 행동하는 사람인데 우리가 이야기한다고 듣겠어?' 라고 생각하기 때문에 주변에 진실한 친구가 없습니다. 딱하고 불쌍한 사람입니다.

《탈무드》를 보면 "현인이라 하더라도 지식을 자랑 삼아 뽐내는 사람은 무지를 부끄러워하는 어리석은 자만 못하다"라고 했습니다.

영국의 정치가인 벤자민 디즈레일리는 "사람이 지혜가 부족해서 일에 실패한 경우는 적다. 사람에게 늘 부족한 것은 성실성이다"라고 했습니다. 그렇습니다. 성실한 대신 교만하고, 교만하다 보니 대충대충으로 인생을 살게 되는 것입니다.

고대 유대에서는 유대인들의 학교를 말할 때에 1학년을 "현자"라고 불렀습니다. 2학년을 "철학자"라고 불렀습니다. 그리고 최고 학년인 3학년이 되어서야 비로소 "학생"이라고 불렀다고 합니다. 이러한 사실은 겸허한 자세로 배우는 자가 가장 높은 지위에 오를 수 있다는 것을 말해 줍니다. 학생이 되려면 수년 동안 수업을 쌓지 않으면 안 된다는 것을 말하고 있습니다.

현대그룹의 창업자인 정주영 회장은 이런 말을 했습니다.

"작은 일에 성실한 사람은 큰 일에도 성실하다. 작은 일을 소홀히 하는 사람은 큰 일을 할 수 없다. 작은 일에도 최선을 다하는 사람은 큰 일에도 전력을 다한다."

한 시대를 승리하는 사람으로 산 사람의 인생관이 담긴 말입니다.

승리하는 사람은 다른 사람과 다릅니다. 근본이 된 사람입니다. 누가 보아도 된 사람입니다. 성실과 진실과 열심과 관심이 몸에 배어 있는 사람입니다. 우리 금천의 성도들은 이런 승리의 주인공이 될 수밖에 없는 성실성과 진실성이 몸에 배어 있기를 축복합니다.

오늘 본문을 보면 근본이 된 사람이 있습니다. 바나바입니다. 이 바나바 같은 사람이 교회가 그리워하는 사람입니다. 아니 우리 주님이 그리워하는 사람입니다. 그리고 오늘의 많은 사람들이 그리워하는 사람입니다.

본문을 보면 이렇게 말씀합니다.

"바나바는 착한 사람이요 성령과 믿음이 충만한 사람이라 이에 큰 무리가 주께 더하여지더라"(24절).

이 말 속에 모든 것이 다 들어가 있습니다. 착한 사람입니다. 믿음과 성령이 충만한 사람입니다. 그러기 때문에 바나바 같은 사람이 그리워지는 것입니다.

한 마디로 근본이 된 사람입니다. 신앙이 된 사람입니다. 인간이 된 사람입니다. 그래서 참으로 그리워지는 사람입니다.

우리 금천의 모든 성도들은 오늘의 바나바 같은 인물이 다 되어서 하나님이 그리워하고, 사람도 그리워하는 사람들이 다 되시기를 축복합니다.

그러면 무엇이 근본적으로 되어야 그리워지는 사람이 될 수 있을까요?

1. 다른 사람들의 삶에 위로를 제공하는 사람입니다.

사람의 별명은 그 사람의 인격과 풍겨나는 것의 이미지를 잘 표현합니다. 바나바는 원래 이름이 요셉이었습니다. 이 요셉에게 바나바라는 별명을 붙인 이유가 무엇일까요?

바나바의 뜻은 '권위자'로서 "권하고 위로하는 자" 또는 "위로의 아들"이라는 인격과 분위기가 흘러나오기 때문입니다(행 4:36). 그런데 나중에는 요셉이라는 이름보다 별명을 더 많이 불렀기 때문에 이름이 바나바로 굳혀집니다.

미국에 한 중년 부부가 있었습니다. 아내가 나이가 들

면서 그녀의 시력이 너무 나빠졌기 때문에 눈 수술을 시도하였는데 그만 수술이 잘못되어 두 눈을 실명하고 말았습니다. 그 후 남편은 매일같이 차로 직장까지 아내를 출근시켜 주고 하루 일과가 끝난 후에는 차로 집까지 데려다 주었습니다. 이렇게 변함없이 섬기는 남편이 그녀는 너무 감사하였고, 눈은 잃었지만 남편으로 인하여 기쁨이 더욱 넘쳤습니다.

그러던 어느 날, 갑자기 남편이 아내에게 이런 이야기를 합니다.

"여보, 직장이 너무 머니 앞으론 혼자 출근하도록 하세요. 내가 도와주지 못해 미안해요."

남편의 그 말을 듣는 순간 그는 남편에 대한 심한 배신감을 느꼈습니다. 그리고 죽고 싶은 생각도 들었지만 이를 악물고 살아야겠다는 결심을 한 후, 그 다음 날부터 혼자 출근하기 시작하였습니다.

지팡이를 짚고 버스를 타고 하면서 많이 넘어지기도 하고 울기도 하면서 혼자 다니는 훈련을 하기 시작한 것입니다. 그리고 어느 정도 익숙해진 지 2년이 된 어느 날 버스 운전기사가 이 부인에게 이런 말을 합니다.

"아주머니는 복도 많습니다."

"아니 눈도 멀었고, 이렇게 혼자 다니는 사람이 어떻게 복이 많습니까?"

"아주머니가 차를 탈 때 남편이 함께 차를 탔고요, 당신이 넘어져 울 때 남편도 옆에서 함께 울었습니다. 남편은 아주머니의 뒷자리에 앉아 있다가 부인이 직장 건물에 들어가는 순간까지 지켜보고 등 뒤에서 손을 흔들어 주는 보이지 않는 격려를 해주었답니다."

남편은 아내가 계속 자신을 의지하는 삶을 살기보다 그가 할 수 있는 일들을 찾아서 할 수 있도록 뒤에서 도와주었던 것입니다. 그리고 위로하고 격려해 주었던 것입니다. 아내는 이 말을 듣자 남편에 대해 가졌던 섭섭한 마음보다 감사한 마음이 더 넘쳐났습니다.

바나바도 이런 보혜사와 같은 역할을 담당하였습니다. 바나바는 성령님과 같이 모든 사람들에 그렇게 도울 순 없지만 예루살렘 교회에 있는 믿음의 동역자들이 어려움에 처하여 고통 가운데 있을 때 변호사가 되어 주었습니다. 또한 힘든 자들의 위로자가 되어 주고, 때때로 힘들어 지쳐 있는 사람들의 상담자가 되기도 하고, 말동무가 없는 사람의 친구가 되어 주었습니다.

그는 가까이 있는 사람들이 언제든지 필요로 할 때 만나주었고, 가장 필요한 것을 채워주려고 노력하였습니다. 그는 이런 모습으로 자신이 받았던 보혜사 성령님의 은혜를 나누었던 것입니다. 그 뒤 그는 별명이 보혜사 성령님의 아들이라는 '권위자'라는 명칭을 얻게 됩니다. 바나바는 교회에서 꼭 필요한 존재였습니다.

하나님은 이런 위로하는 사람을 절대적으로 필요로 하십니다. 우리 금천의 성도들은 어려운 사람들에게 위로하는 사람이 되어야 합니다. 나로 인하여 실망하는 사람이 나오지 않게 조심하시기 바랍니다. 그래서 어디서나 여러분을 필요로 하는 은혜로운 사람들이 다 되시기를 축복합니다.

2. 공동체의 필요를 알고 헌신하는 사람입니다.

바나바는 구브로 섬 출신의 디아스포라 유대인입니다. 그는 구브로 섬에서 많은 재산을 가진 자로서 자신의 삶을 풍요롭게 살 수 있는 환경을 가지고 있습니다. 그러나 예루살렘 성에서 오순절을 지키기 위해 올라오다 성령님의 놀라운 역사를 경험하게 됩니다. 그는 보혜사 성령님을 경험한 것입니다. 그러면서 그의 삶은 위로의 아들로 바뀌었습니다.

그런데 그가 예루살렘 교회에서 생활을 하면서 어려운 사람들을 만나게 됩니다. 특히 이스라엘은 로마의 식민지였기 때문에 빈부격차가 심하였고, 어려운 사람들이 너무 많음을 알게 되었습니다. 그때 그는 자신의 재산을 팔아 교회에서 어려움을 당하는 사람들과 함께 나누겠다는 큰 결심을 하게 됩니다. 이것이 바나바의 삶이었습니다.

"그가 밭이 있으매 팔아 그 값을 가지고 사도들의 발 앞에 두니라"(행 4:37).

바나바가 사도들의 발 앞에 자신이 가지고 있었던 밭 값의 전부를 드리는 헌신을 합니다. 이것은 이름이 알려지거나 자신이 했다는 것을 알리려는 것이 아니었는데 뜻하지 않게 바나바의 이름이 알려졌을 것입니다.

이것이 알려지자 다른 사람들도 구제를 하게 됩니다. 이 사실을 성경은 "그 중에 가난한 사람이 없으니 이는 밭과 집 있는 자는 팔아 그 판 것의 값을 가져다가 사도들의 발 앞에 두매 그들이 각 사람의 필요를 따라 나누어 줌이라"(행 4:34~35)고 합니다.

바나바의 모범을 따라 그 뒤를 따르는 사람들이 생기기 시작합니다. 그래서 많은 이들이 바나바와 같은 모범적인 헌신의 삶을 살기로 작정하고 뒤를 따르기 시작합니다. 자신의 밭과 집을 팔아서 사도들의 발 앞에 내놓기 시작합니다. 바나바는 말만의 헌신이 아니라 행동의 헌신을 하였기에 그의 뒤를 따라 많은 믿음의 사람들이 함께 헌신을 하며 연결이 되는 것입니다.

바나바의 흉내를 내면서 자신의 재산을 다 판 것처럼 속이고 제자들의 발 앞에 땅 문서를 내놓은 가정이 있습니다. 아나니아와 삽비라 부부입니다. 이들이 자신의 땅을 팔아서 다 사도들의 발 앞에 둔 이유가 무엇이었습니까? 자신들의 이름을 초대교회에서 내고 싶었던 것입니다. 추측이지만 일곱 집사를 뽑을 때 자신이 뽑히기 위한 모습일 수 있습니다.

그러나 바나바는 다릅니다. 그는 열두 사도에 포함된 인물도 아닙니다. 그렇지만 자신의 재산을 다 교회에 바쳤고, 착하고 성령과 믿음이 충만한 자이기 때문에 6장에 등장하는 일곱 집사를 세울 때 그의 이름이 거론되고 뽑힐 수도 있었을 것입니다.

그렇지만 성경에는 그의 이름이 등장하지 않습니다. 그는 자신의 모든 것을 드린 것으로, 위로의 아들로서 자신의 생애를 살아가길 소원하였던 것입니다.

그래서 결국 "바나바는 착한 사람이요 성령과 믿음이 충만한 사람이라 이에 큰 무리가 주께 더하여지더라" 하는 말씀을 듣게 된 것입니다. 그리고 안디옥 교회는 사람들의 수가 많아지기 시작합니다. 그때부터 교회는 더 큰 부흥을 하게 됩니다.

이런 바나바와 같은 사람은 어디에서든 필요로 하는 사람입니다. 과거에 필요했던 자일 뿐 아니라 이 시대에도 꼭 필요로 하는 자입니다.

저는 정말 간절하게 원합니다. 우리 금천의 성도들은 바나바를 닮아서 다른 사람들을 효과적으로 잘 섬기며 위로하는 사람이 되었으면 좋겠습니다. 그래서 우리 금천교회가 참 좋은 교회로 소문이 나서 많은 영혼을 건지는 은혜가 있기를 축복합니다.

3. 겸손하게 협력할 줄 아는 사람입니다.

바나바로 인하여 교회가 부흥되자 혼자의 힘으로는 감당할 수가 없었습니다. 그리고 더욱 분명하고 확신 있는 믿음을 심어주는 것이 필요하다고 생각했습니다. 그래서 바나바는 다소에 있는 바울이란 사람에게 찾아 갔습니다. 바울을 찾은 이유가 있습니다.

첫째, 유대교적 전통에서 자랐기 때문에 복음을 쉽고 분명하게 전할 수가 있었기 때문입니다.

둘째, 동시에 이방인을 수용할 수 있는 능력이 바울에게 있었기 때문입니다.

셋째, 안디옥은 우상 도시였기 때문에 여러 가지 핍박으로부터 변호하고 복음을 전할 수 있는 사람이라고 생각했기 때문입니다.

그래서 바나바는 9년간이나 소식이 끊긴 바울을 찾아서 다소에 갔습니다. 결국에는 찾아서 바울을 데리고 안디옥으로 왔습니다.

이런 바나바의 모습은 보기 드문 모습입니다. 자신이 그렇게 심혈을 기울여서 부흥시킨 교회인데 자신보다 더 능력 있는 바울이란 사람에게 찾아가서 자신과 함께 사역해 줄 것을 부탁한 것은 그가 겸손한 사람이며 또한 하나님의 영광만을 생각하는 사람이기 때문이었습니다. 그리고 영혼을 위해서 헌신된 사람이라고 할 수가 있습니다.

그러므로 교회가 든든히 세워졌고 또한 말씀으로 잘 양육됨으로 비로소 그리스도인이란 이름을 얻게 되었습니다(26절).

로버트 케플런이라는 경제학자는 이런 말을 했습니다. "경쟁력을 키우려면 발상부터 바꿔야 한다" 면서 21세기 경쟁력의 3대 요소를 다음과 같이 말했습니다.

첫째, 가격 경쟁력입니다. 가격 면에서 다른 나라 제품보다 싸야 합니다. 비싸면 우선 사지 않는다는 것입니다.

둘째, 품질 경쟁력입니다. 똑같은 값이라면 좋은 품질의 것을 사게 마련입니다. 다시 말하면 값싸고 품질 좋은 것을 사람들은 원한다는 것입니다.

셋째, 서비스 경쟁력입니다. 값이 싸고 품질이 좋다고 해도 사후 서비스가 좋지 않으면 사지 않는다는 것입니다.

이 세 요소가 잘 갖추어지면 국제 경쟁에서 승리할 수 있다고 합니다.

하나님의 사람들이 이 험악한 세상에서 승리할 수 있는 경쟁력은 무엇입니까? 근본이 되어야 합니다. 사람이 되어야 합니다. 어떤 직책을 가진 사람보다도 먼저 인간이 되어야 합니다. 바나바처럼 근본이 된 사람을 하나님이 사용하십니다. 사람들에게 인정을 받습니다. 그래서 어디서나 꼭 필요한 사람이 되는 것입니다.

저는 우리 금천의 모든 성도들이 승리하시기를 원합니다. 그러기 위해서는 먼저 근본이 되기를 바랍니다. 그래서 오늘 같은 경쟁사회에서 승리의 주인공이 되시기를 진심으로 축복합니다.

| 판 권 |
| 소 유 |

춤추게 하시는 하나님

2008년 4월 15일 인쇄
2008년 4월 25일 발행

지은이 / 김진홍
발행인 / 이형규
발행처 / 쿰란출판사

서울 종로구 이화동 184-3
TEL / 02-745-1007, 745-1301, 747-1212, 743-1300
영업부 / 02-747-1004, **FAX** / 02-745-8490
본사평생전화번호 / 0502-756-1004
홈페이지 / http://www.qumran.co.kr
E-mail / qumran@hitel.net
   qumran@paran.com
한글인터넷주소 / 쿰란, 쿰란출판사

등록 / 제1-670호(1988.2.27)

책임교열 / 송은주

값 9,000원

ISBN 89-5922-537-8 93230